Augustinus
Bekenntnisse

Augustinus

Bekenntnisse

Die Weisheit des
großen Kirchenvaters

Aus dem Lateinischen von
Georg Rapp

Ausgewählt von
Waltraud John

ANACONDA

Die Texte dieses Bandes wurden der Ausgabe *Die Bekenntnisse des heiligen Augustinus.* Aus dem Lateinischen übertragen von Georg Rapp. Dritte Auflage. Stuttgart: Verlag von S. G. Liesching 1856 entnommen sowie in Grammatik, Orthographie und Interpunktion überarbeitet.

Die Deutsche Nationalbibliothek verzeichnet diese Publikation in der Deutschen Nationalbibliographie; detaillierte bibliographische Daten sind im Internet unter http://dnb.d-nb.de abrufbar.

© 2015 Anaconda Verlag GmbH, Köln
Alle Rechte vorbehalten.
Umschlaggestaltung: Druckfrei. Dagmar Herrmann, Bonn
Satz: InterMedia – Lemke e. K., Ratingen
Printed in Germany 2015
ISBN 978-3-7306-0242-3
www.anacondaverlag.de
info@anacondaverlag.de

Inhalt

Augustinus von Hippo, auch als Aurelius Augustinus bekannt, lebte von 354 bis 430 und gilt heute als der bedeutendste lateinische Kirchenvater, der zudem in der katholischen Kirche als Heiliger verehrt wird.

Die Zeit des Übergangs von der heidnischen Antike zum christlichen Mittelalter ist das Jahrhundert, in das Augustinus hineingeboren wird, was sich exemplarisch an seiner Familie aufzeigen läßt: Augustinus' Vater, ein römischer Beamter, hing noch dem römischen Götterglauben an, während Augustinus' Mutter Monica bereits eine tiefgläubige Christin war.

Nach dem Schulbesuch in Thagaste und in Madaura (beides in Nordafrika) ging Augustinus ab 371 nach Karthago, um Rhetorik zu studieren. Während seiner Studien genoß er das freizügige Leben in der Hafenstadt Karthago und stürzte sich in Liebesabenteuer; hier kam er auch mit dem Glauben des Manichäismus in Berührung und wurde dessen Anhänger, denn mit dem Christentum hatte er nichts im Sinn. Nach Abschluß des Studiums wurde Augustinus Lehrer der freien Künste, lehrte an verschiedenen Orten des römischen Reiches und schließlich in Rom und Mailand. Hier hörte er die Predigten des Bischofs Ambrosius, die ihn zutiefst beeindruckten; er begann, sich intensiv mit dem Christentum auseinanderzusetzen, was letztendlich zu seiner Taufe im April des Jahres 387 führte.

Als Priester kehrte Augustinus nach Afrika zurück, wurde einige Jahre später zum Bischof geweiht und blieb 34 Jahre im Amt.

Die »Bekenntnisse« des Augustinus entstanden um 397/98 und gelten in der Literaturgeschichte als einzigartiges Dokument und als bedeutendste Autobiographie des Altertums. Ihre Besonderheit liegt darin, daß sie einerseits als biographische Quelle von unschätzbarem Wert sind und andererseits als erschütternde Lebensbeichte vor Gott und gleichzeitig als Glaubensbekenntnis zum Lobe Gottes Bedeutung erlangt haben.

Die »Bekenntnisse« bestehen aus insgesamt 13 Büchern. In den Büchern I bis IX betrachtet Augustinus sein Leben von der Kindheit bis zum Tod seiner Mutter im Herbst 387, die noch miterleben durfte, daß ihr Sohn zum Christentum bekehrt wurde. Im Buch X schildert er seinen Gemütszustand zur Zeit der Abfassung des Textes, und in den Büchern XI bis XIII interpretiert Augustinus die biblische Schöpfungsgeschichte. Die »Bekenntnisse« sind durchdrungen von der Dankbarkeit des Autors gegenüber Gott, dessen göttliche Vorsehung das Leben des Augustinus bestimmt hat.

Die hier versammelten Texte sind dem Band »Die Bekenntnisse des heiligen Augustinus« entnommen, den Georg Rapp aus dem Lateinischen übersetzt hat, und der in der dritten Auflage im Jahre 1856 in Stuttgart erschien. Im vorliegenden Band sind die einzelnen Bücher mit römischen Zahlen gekennzeichnet und die jeweiligen Abschnitte mit arabischen Ziffern.

LOBET GOTT, DEN HERRN!

Groß bist du Herr und hoch zu loben, groß ist die Fülle deiner Kraft, und ohne Zahl sind die Spuren deiner Weisheit. Und preisen will dich ein Mensch, ein Teilchen deiner Schöpfung, ein Mensch, sich tragend mit seiner Sterblichkeit, die das Zeugnis seiner Sünde über ihn ablegt, ein Zeugnis, daß du den Stolzen widerstehst. Auch ein solcher Mensch will dich preisen, will dich preisen, eben weil auch er ein Teilchen deiner Schöpfung ist. Du reizt zur Freude an deinem Lob, weil du für dich uns erschufst und weil unser Herz ruhelos bleibt, so lang es nicht ruht in dir. So gib denn, Herr, mir zu erkennen, was eher ist: dich anrufen oder dich preisen, dich erkennen oder dich anrufen. Wer vermöchte dich anzurufen, ohne daß er dich erkennt? Kann er je statt deiner, des Einen, ein ganz anderes anrufen, so lang er dich nicht erkennt? Oder rufen wir um das dich an, daß du dich uns zu erkennen gebest? Aber wie würden wir dich anrufen, wenn wir nicht an dich glaubten? So ist der Glaube das erste, das uns zu dir führt; und glauben können wir nicht, ohne daß uns der Glaube gepredigt wird. Ja, loben werden dich, den Herrn, die glaubensvollen Herzen, die dich verlangend suchen gehen. Während sie dich suchen, finden sie dich und loben dich, indem sie dich finden. Ich will dich suchen, Herr, da ich zu dir rufe, und will zu dir rufen, da ich an dich glaube, denn du bist uns verkündigt. Es ruft zu dir mein Glauben, den du beseligend mir gabst durch den freundlichen Menschenwandel deines Sohnes, durch den Dienst deiner Predigten. (I, 1)

An dir ist kein Böses; nicht an dir nur, auch nicht an deiner Schöpfung, wie du sie schufst und lenkst; denn nichts ist außer ihr, das in sie einbräche und die Ordnung zerstörte, die du ihr gabst. Eins hat hier seine Bestimmung für das andere, findet immer dasjenige, dem es paßt und ansteht, und zeigt sich damit gut in sich selbst, denn du bist in ihm und weist ihm seine Bahn an. So steht der Erde selbst ihr wolkiger und stürmischer Himmel an. Das müßte ich erkennen, wenn meinem Geist auch kein weiterer Gesichtskreis als nur dieser irdische eröffnet wäre; und schon deshalb müßte ich dich loben (Ps 148): »weil dich in deiner Preiswürdigkeit offenbaren des Meeres Ungeheuer und alle seine Tiefen; des Feuers Flammen, Hagel und der Schnee; das Eis, des Sturmes Geister, deines Wortes Boten; die Berge und die Hügel alle, die fruchtbaren Bäume und die Zedern alle; die Tiere all zusammen; was kriecht und was befiedert fliegt. – Der Erde Könige und alle Völker; die Fürsten und die Richter all auf Erden; die Jünglinge und Jungfrauen; die Alten mit den Jungen loben deinen Namen.« – Und da sie dich auch vom Himmel zu loben haben, so sollen unseren Gott dich loben alle deine Engel in der Höhe; alle deine Kräfte, Sonne und Mond; die Sterne alle in ihrem Licht; der Himmel und die Wasser, die droben sind am Himmel, sie sollen loben deinen Namen. – Was gibt es Besseres mir, der ich aller Dinge gedachte und das Höhere zwar für besser als das Niedere hielt, aber mit noch besserem Urteil erwog, daß das Weltall zusammengedacht noch besser und herrlicher sei, als seine einzelnen herrlichsten Teile für sich es sind. (VII, 13)

O Herr, ich bin dein Knecht, ich bin dein Knecht und der Sohn deiner Magd! Du hast zerbrochen meine Bande, dafür will ich dir darbringen das Opfer meines Lobes. Es sollen dich loben mein Herz und meine Zunge und sagen sollen alle meine Gebeine: Herr, wer ist wie Du? So sollen sie sagen, und du mögest mir antworten und meiner Seele verkünden: Ich bin dein Heil. Wer bin ich, und was bin ich? Was war nicht böse an meinen Taten, und waren es meine Taten nicht, so waren es meine Worte, und waren es diese nicht, so war es mein Willen. Aber du, Herr, bist gut und erbarmend, deine Rechte langte nach der Todestiefe, in der ich lag, und aus dem Grund meines Herzens schöpfte sie weg den Pfuhl des Verderbens. Und befreit wurde ich, da ich ganz nicht mehr wollte, was ich gewollt, und nur noch wollte, was du wolltest. Aber wie lange säumte ich, während so tief und hoch mein Willen berufen wurde, den Nacken unter dein sanftes Joch zu beugen und die Schulter unter deine leichte Last, o Jesus Christus, mein Helfer, mein Versöhner! Und wie geschah mir auf einmal so lieblich, daß ich entbehren konnte der nichtigen Ergötzung und mit Freuden verlassen, das zu verlassen ich mich gefürchtet hatte. Denn du warst es, der es aus mir warf, du meine wahre und höchste Lieblichkeit; du warfst es aus und tratst dafür ein, der du süßer bist denn alle Lust, nur nicht dem Fleisch und Blut; der du heller bist denn jedes Licht, aber innerlicher als alles, das verborgen ist; der du höher bist als alle Herrlichkeit, doch denen nicht, die sich selber herrlich dünken. Schon war meine Seele frei von den nagenden Sorgen des Beifallhaschens und Erwerbens, des Wälzens und Scharrens im Aussatz der zügellosen Lust, und traulich sprach ich mit dir, meiner Ehre, meinem Reichtum, meinem Heil, meinem Herrn und meinem Gott. (IX, 1)

Wie soll ich meinen Gott anrufen, meinen Gott und Herrn? Ich rufe ihn ja in mich selbst, so oft ich ihn anrufe. Und welches ist die Stätte in mir, wo Gott in mich eingeht, wo der Gott eingeht, der Himmel und Erde schuf? Herr, mein Gott, so ist in mir etwas, das dich faßt! Fassen dich denn Himmel und Erde, die du schufst, in denen du mich erschufst? Oder faßt dich darum alles, was da ist, weil ohne dich nicht wäre, was da ist? Weil denn auch ich bin, was flehe ich zu dir, daß du in mich kommst, der ich nicht wäre, wenn du nicht in mir wärst? Noch lebe ich, noch sank ich nicht hinab in die Schattenwelt; und doch, auch dort bist du, wenn ich hinabsteige in die Tiefen des Totenreichs. Ich wäre gar nicht, mein Gott, wäre niemals und nirgends, wenn du nicht in mir wärst. Ja noch mehr, ich wäre nicht, wenn ich nicht wäre in dir, von dem alles, in dem alles, durch den alles ist. Auch so, mein Herr denn, auch so! Noch bleibt so viel mir zu fragen. Wie soll ich dich anrufen, der ich in dir bin? Von wann ist dein Kommen in mich? Wohinaus soll ich dringen aus Himmel und Erde, daß von dorther mein Gott in mich eingehe, der sprach: Ich erfülle Himmel und Erde? (Jer 23,24.) (I, 2)

Mein Gott, dein will ich denken in preisendem Dank und bekennen, wie du mein dich erbarmtest! Durchströmt sollen meine Gebeine werden von deiner Liebe und sagen: Herr, wer ist wie du? Du hast gesprengt meine Bande, und dir sei geopfert das Opfer meines Lobes. Erzählen will ich, wie du sie sprengtest, dann werden sagen alle, die dich anbeten, so sie's hören: »Gepriesen sei der Herr im Himmel und auf Erden! Groß und wunderbar ist sein Name!« – Es hafteten in meinem Herzen deine Worte, und rings umschirmt war ich von dir. Gewiß war ich deines ewigen Lebens, obwohl ich's erschaute nur wie in einem Rätsel und wie durch einen Spiegel; genommen von mir war jeder Zweifel in dein unwandelbares Wesen, aus dem jedes Wesen hervorgeht. Nicht verlangte ich, deiner gewisser zu sein, aber standhafter zu sein in dir. In meinem irdischen Leben wankte noch alles, vom alten Sauerteig mußte mein Herz gereinigt werden. Der Heiland, der selbst der Weg ist, gefiel mir, aber noch war der Gang auf seiner engen Bahn mir widerlich. Da legtest du es mir ins Herz, und dünkte mir es gut vor meinen Augen, zu gehen zu Simplician, den ich kannte als deinen treuen Knecht, an dem offenbar war deine Gnade. Auch hatte ich über ihn vernommen, daß er von Jugend an nur dir sein Leben geweiht. Er war ein Greis geworden, und ich dachte, der hat im langen Leben voll treuen Eifers für deines Weges Nachfolge wohl viel erfahren und gelernt. Und wahrlich, so war er. Damit, das war mein Wunsch, sollte er mir zeigen, wie ein sturmvoll bedrängtes Herz, gleich dem meinen, deinen Weg zu wandeln vermöchte; denn auf verschiedene Weise ging ihn die Menge der Kinder deiner Kirche. Mein menschliches Treiben war mir mißfällig und zur schweren Last geworden, und nicht mehr entflammte mich die gewohnte Lust, um in Hoffnung auf Gold und Ehren diese schwere Sklavenbürde noch zu tragen. Sie hatte ihren Reiz verloren vor deiner Süßigkeit und vor der Herrlichkeit deines Hauses, das ich lieben gelernt. Nur an das Weib, das mir verlobte, war ich noch festgebunden; nicht verbot mir ja dein Apostel die Ehe, obgleich er zu Besserem riet und so sehr wollte, daß alle Menschen wären, wie er war. Aber zu schwach, wählte ich die weichlichere Lage, und wegen dieses einen wurde ich träger für das übrige und ermattete in verzehrenden Sorgen, weil mich das eheliche Leben, an dem ich haften blieb, an Dinge wieder band, die ich nicht mehr ertragen wollte. Vernommen hatte ich aus dem Mund der Wahrheit auch: es gebe jungfräuliche Seelen, welche für das Himmelreich ihre Jungfrauenschaft bewahrten; aber nur wer es fassen könne, möge es fassen. (Mt 19,12) Es sind zwar alle Menschen natürlich eitel, die von Gott nichts wissen und an den sichtbaren Gütern den nicht erkennen, der ist. Aber ich war nicht mehr in solcher Eitelkeit, überschritten hatte ich sie, und unter dem Zeugnis deiner ganzen Schöpfung hatte ich dich gefunden, unsern Schöpfer, hatte gefunden dein Wort, das Gott ist in dir und Gott ist mit dir, samt dem heiligen Geist, und durch das schufst du alles, was ist. Aber es gibt noch eine andere Art von Gottlosen, welche Gott erkennen und ihn nicht ehren als Gott und ihm nicht danken, und zu diesen hatte ich mich verirrt; aber deine Rechte faßte mich und zog mich hin an den Ort, wo ich genesen konnte und dein Wort vernahm: »Die Gottesfurcht ist die Weisheit.« (Hi 28,28) »Dünke dich nicht, weise zu sein.« (Spr 3,7) »Da sie sich für weise hielten, sind sie zu Narren worden.« (Röm 1,22) – Da hatte ich die köstliche Perle gefunden, sie war zu erkaufen um alle meine Habe, und ich stand an und zweifelte. (VIII, 1)

Du aber, Herr, bleibst in Ewigkeit und zürnst uns nicht in Ewigkeit. Weil du des Staubes und der Asche dich erbarmt hast, so wolltest du, erbarmend mir nahend, meine Mißgestalt wieder umbilden, und mit dem innern Stachel mich treiben, daß ich nimmer ruhen konnte, bis du mir gewiß wurdest durch inneres Schauen. Da wich meine Aufgedunsenheit deiner verborgenen, heilenden Hand, und die verletzte und verdunkelte Sehkraft meines Geistes wurde mit dem scharfen Augenbalsam der Schmerzen von Tag zu Tag mehr geheilt. (VII, 8)

DES MENSCHEN
SELIGKEIT LIEGT IN GOTT

Wie nun suche ich dich, Herr? Wenn ich meinen Gott suche, so suche ich das selige Leben. Ich will dich suchen, auf daß meine Seele lebe, denn mein Leib lebt durch meine Seele, ich aber lebe durch dich. Wie soll ich suchen das selige Leben? Noch habe ich nicht, daß ich sagen könnte: Es ist genug. Noch muß ich es suchen gehen. Soll ich es suchen durch Erinnerung, als hätte ich es vergessen und wüßte noch, daß ich es vergaß? Oder soll ich es suchen, nach ihm verlangend als einem noch unbekannten, von dem ich noch nie wußte oder das ich so ganz vergaß, daß ich nicht einmal mehr weiß, ich habe sein vergessen? Ist es ein seliges Leben, was alle wollen, und ist wirklich keiner, der es nicht wollte? Woher kennen sie es, daß sie alle so nach ihm verlangen? Wo sahen sie es, daß sie es lieben? Wir haben es, ich weiß nicht wie. Aber verschieden ist die Weise, in der jeder glücklich ist, wenn er es hat. Und es gibt welche, die in der Hoffnung glücklich sind. Sie haben es in niedererem Grade als diejenigen, welche schon glücklich im Besitz sind, und doch sind sie besser daran als solche, die weder sein Besitz noch seine Hoffnung beglückt. Doch auch diese wollten ja nicht glücklich sein, und alle – wenn sie es nicht in irgend etwas schon hätten. Wie lernten nun sie es kennen? Sie haben es durch irgendeine Kunde, und ist diese nicht in ihrem Gedächtnis? Ist sie in ihm, so waren sie schon einmal glücklich. Waren das alle einzelnen schon, oder waren sie es in dem Menschen, welcher der erste Sünder war, in welchem wir alle gestorben sind, aus dem wir alle im Elend geboren wurden; und haben sie von dorther das Gedächtnis des glückseligen Lebens als das Vermächtnis ihres sehnenden Herzens ererbt?

Wir liebten es ja nicht, wenn wir nichts von ihm wüßten. Wir hören das Wort und bekennen, daß wir alle die Sache selbst verlangen, denn nicht am Wort finden wir die Freude; und einstimmig würden alle Menschen, wenn man sie fragte, ob sie glücklich werden wollten, antworten: Wir wollen! Auch wenn jedes Volk in seiner verschiedenen Sprache gefragt würde. (X, 20)

Du allein, Herr, richtest mich; denn wenn auch niemand weiß, was im Menschen ist, außer des Menschen Geist, der in ihm ist, so ist doch etwas im Menschen, das selbst der Geist nicht weiß, der in ihm ist. Du, Herr, der du ihn schufest, weißt alles in ihm. Ich aber, obgleich ich vor dir mich verachte, der ich Staub und Asche bin, weiß doch etwas von dir, das ich von mir nicht weiß, ob wir auch jetzt dich nur durch einen Spiegel in Rätseln sehen und noch nicht von Angesicht zu Angesicht. So lange ich hienieden als dein Fremdling pilgere, bin ich mir näher als dir und weiß doch von dir, du könnest auf keine Weise verletzt werden; ich aber weiß nicht von mir, welchen Versuchungen ich zu widerstehen vermag und welchen nicht. Doch Hoffnung ist, du, Getreuer, wirst uns nicht versuchen lassen über unser Vermögen, und wirst machen, daß die Versuchung so ein Ende gewinne, daß wir sie ertragen können. Und so will ich bekennen, was ich von mir weiß, und will mich zu dem bekennen, was ich nicht von mir weiß, zu den verborgenen Schwächen und Fehlern, von denen ich noch nicht weiß, wie sie mich versuchen werden und wie ich sie durch dich überwinden werde. Denn was ich von mir weiß, das weiß ich nur, wenn du mir leuchtest, und was ich nicht von mir weiß, das werde ich wissen, wenn einst meine Finsternisse werden wie der Mittag vor deinem Angesicht. (X, 5)

JESUS CHRISTUS, MITTLER ZWISCHEN GOTT UND DEN MENSCHEN

Jetzt suchte ich die Mittel mir zur beharrlichen Stärke, die da fähig wäre, dein zu genießen, und fand sie nicht, bis ich umfaßte den Mittler Gottes und der Menschen, den Menschen Christus Jesus, welcher ist über alles, der in Ewigkeit hochgelobte Gott, der uns zuruft: Ich bin der Weg, die Wahrheit und das Leben; welcher jene Speise, für die ich zu schwach war, mit dem Fleisch vereinte; denn das Wort ward Fleisch, daß es unsere Kindheit mit der Milch deiner Weisheit stille, durch die du alles geschaffen hast. So lange mir selbst die Demut fehlte, hatte ich Jesum, meinen Herrn, in seiner Demut nicht erhalten, hatte nicht erkannt, welche Dinge seine Niedrigkeit lehre. Denn dein Wort ist die ewige Wahrheit, das ist erhoben auch über die höheren Glieder deiner Schöpfung und erhebt sie zu sich, indem es sie sich unterwirft. Aber unter den Niedrigen deiner Schöpfung hat es sich aus der Erde, von der wir gemacht sind, ein demutsvolles Haus erbaut, durch das es alle, die es sich unterwerfen wollte, aus ihnen selbst heraustrieb und zu sich überführte, vom Stolz sie heilend, ihre Liebe nährend, damit sie nicht im eitlen Selbstvertrauen noch weiter verirrten, sondern ihr Trotz breche, wenn sie zu ihren

Füßen sähen (Joh 13,5) die Gottheit, ihnen dienend, da sie Anteil nahm an unserer Schwachheit und sich teilhaftig machte unseres Pilgerkleides und wir in unserer Ermattung uns vor dem niederwürfen, der uns emporhebt in Kraft. (VII, 18)

Der wahrhaftige Mittler, den du mit tiefem Erbarmen den Gedemütigten gezeigt und gesendet hast, damit sie von ihm die Demut selber lernten, der Mittler zwischen Gott und Menschen, der Mensch Jesus Christus ist gestorben mit den sterblichen Menschen und gerecht geblieben mit dem gerechten Gott. Und weil die Frucht der Gerechtigkeit Leben und Frieden ist, so hat er mit seiner göttlichen Gerechtigkeit den Tod der gerecht gemachten Gottlosen vertilgt, den er mit ihnen gemein haben wollte. Es ist geoffenbart worden den Heiligen des alten Bundes, daß sie gerettet würden durch den Glauben an sein künftiges Leiden, wie wir gerettet werden durch den Glauben an sein vergangenes Leiden. So weit er Mensch ist, so weit ist er Mittler, so weit er das ewige Wort ist, steht er nicht nur in der Mitte zwischen Gott und den Menschen, er ist Gott gleich, Gott mit Gott, zugleich mit dem heiligen Geist der alleinige Gott.

Wie hast du uns geliebt, Vater der Güte, der du deines eingeborenen Sohnes nicht verschont, sondern ihn für uns Gottlose dahingegeben hast! Wie hast du uns geliebt, für die Der gehorsam war bis zum Tod am Kreuz, der seine Gottgleichheit nicht zur Schau trug, der allein todesfrei war unter den Kindern des Todes, der da Macht hatte, sein Leben zu lassen, und Macht, es wieder zu nehmen; für uns der Sieger und tot, und Sieger, weil er tot war; für uns Priester und Opfer, und Priester, weil er Opfer war; der, unser Knecht, uns von Knechten zu deinen Kindern machte, durch seine Geburt und unsere Wiedergeburt. Wohl habe ich in ihm sichere Hoffnung, daß du heilen wirst alle meine Gebrechen, durch ihn, der sitzt zu deiner Rechten und uns vertritt. Und ich müßte verzweifeln ohne ihn! Denn groß und viel sind meine Gebrechen, aber größer und weiter ist deine heilende Gnade. Wir können nicht glauben, dein Wort sei fern von uns und habe uns aufgegeben, daß wir verzweifelnd uns selbst müßten aufgeben, denn es ward Fleisch und wohnte unter uns. Von meinen Sünden geschreckt und von der Last meines Elends, bewegte ich's im Herzen und gedachte ins ewige Verlassensein zu fliehen, einsam, ohne Trost; aber du hast mich gehalten und mich aufgerichtet, denn gesprochen hast du: »Er ist darum für alle gestorben, auf daß die, so da leben, hinfort nicht ihnen selbst leben, sondern ihm, der für sie gestorben und auferstanden ist.« (2 Kor 5,15) Siehe, Herr, auf dich warf ich mein Anliegen, auf daß ich lebe und sehe die Wunder in deinem Gesetz. Dir ist meine Unerfahrenheit und Schwäche bekannt; lehre mich und gib mir Kraft. Er selbst, dein Eingeborner, in welchem verborgen liegen alle

Schätze der Weisheit und der Erkenntnis, hat mich losgekauft mit seinem Blut. Nicht sollen mich schmähen die Stolzen, weil ich eingedenk bin des Preises meiner Erlösung, weil ich esse und trinke in Fülle und in meiner Armut Sättigung suche aus ihm, mit denen zu ihm pilgernd, die da essen und satt werden und den Herrn loben, da sie ihn finden. (X, 43)

VOM MITLEID

Auch die Spiele des Theaters rissen mich hin, weil sie voll waren von den Bildern meines Elends und von dem Zunder zu meinen sündigen Flammen. Was ist es, daß dort der Mensch im Anblick des trauervoll Tragischen Schmerzen sucht, die er selbst nicht erdulden möchte? Und doch will der Zuschauer sich davon schmerzen lassen, und doch ist dieser Schmerz selbst seine Lust. Der kläglichen Torheit! Nur um so mehr wird jemand davon gerührt, je weniger er von der Leidenschaft für sie frei ist, mag er sie gleich nur Leiden nennen, wenn er sie selbst erduldet, und Mitleiden, wenn er sie duldet mit andern. Aber was kann das für ein Mitleiden sein, das nur bei erdichteten Schauspielen empfunden wird? Da wird der Hörer nicht zu Hilfe gerufen, nur zum Schmerz geladen, da ist er dem Schauspieler um so günstiger, je mehr der ihn schmerzt. Und wenn jene ehemaligen oder ganz erdichteten Menschenleiden bei ihrer Darstellung nicht den Schmerz des Zuschauers erregen, so geht er gelangweilt und tadelnd von dannen; erregen sie seinen Schmerz, dann nimmt er aufmerksam Anteil und freut sich in Tränen. Also werden auch die Schmerzen geliebt, während jedermann doch Freude sucht? Und wenn auch das Leiden keinem gefällt, so gefällt doch das Mitleid, und weil dies nicht ohne Schmerzen ist, so werden vielleicht nur die Schmerzen des Mitleids geliebt. – Doch der Schmerz, er liegt auch in der sinnlichen Liebe, denn wie siedend in den Strom rinnendes Pech, so sind die Gluten der unreinen Begierden, in die sich voll Willkür die Liebe wandelt und sich wegreißt von ihrer himmlischen Heiterkeit. – Sollen wir das Mitleid verwerfen? Mitnichten, und so können zuweilen die Schmerzen geliebt werden. – Aber hüte dich vor der Unreinigkeit, meine Seele, hüte dich unter dem Schirm meines Gottes, des Gottes unserer Väter, des Preiswürdigen, in alle Ewigkeiten Erhabenen. – Auch jetzt noch fühl ich Mitleid; aber damals freute ich im Schauspielhaus mit den Verliebten mich, daß sie die Freuden des Lasters aneinander fanden, ob sie's auch nur nachahmend spielten; mitleidsvoll wurde ich mitbetrübt, wenn sie einander verloren; und doch ergötzte mich beides. Nun aber bedaure ich den mehr, der sich im Laster freut, als den, der Schweres leidet, sei sein Leben die Folge schändlicher Lust oder der Verlust seines beklagenswerten Glücks. Dies ist gewiß das echtere Mitleid, aber in ihm findet der Schmerz keine Ergötzung. Denn wenn auch Menschenliebe des Mitleidigen Schmerzen billigt, so wünschte doch jeder, der brüderliches Mitleid fühlt, viel lieber, es möchte dieser Schmerz gar nicht vorhanden sein. Nur wenn es das Unmögliche, wenn es ein übelwollendes Wohlwollen gäbe, könnte der des wahren, in-

nigen Mitleids Fähige wünschen, es möge Elende geben, damit er sie bedauern könne. Mancher Schmerz ist somit zu billigen, aber keiner ist zu lieben. Darum, mein Herr und mein Gott, liebst auch du die Seelen weit reiner als wir und erbarmst dich ihrer viel echter; denn du nur wirst von keinem Schmerz verwundet. Und ich Elender liebte den Schmerz einst und suchte auf, was mich schmerzte, da mir der Schauspieler in seinem fremden, unwahren, vorgegaukelten Schmerz desto besser gefiel, je mehr er mir Tränen entlockte. So ward ich elendes Lamm – und wie war es zu verwundern – verunreinigt mit schändlichem Aussatz, seit ich von deiner Herde mich verlor und deiner Hut mich entzog. Daher meine Liebe zum Schmerz. Doch nicht tiefer wollt' ich ihn eingehen, wünschte das nicht zu leiden, was ich zu sehen gewünscht, wollte nur oberflächlich von der angehörten Dichtung gerührt werden. Und doch folgte dieser Torheit wie von zerfleischenden Klauen ein entzündendes Schwellen, Entkräftung und scheußlicher Eiter. So war mein Leben, und o mein Gott, war das ein Leben? –
(III, 2)

DIE HEILIGE SCHRIFT

Darum beschloß ich, mich an die heilige Schrift zu wenden, um zu sehen, was an ihr sei. Und siehe, ich sah, was den Stolzen verborgen ist und nicht offenbart den Buben; so niedrig im Anfang, so erhaben in der Folge, so reizend verhüllt mit heiligen Geheimnissen. Nicht so war ich, daß ich vermocht hätte, in sie einzugehen und den Nacken zu beugen nach ihrem Gang. Ich fühlte nicht wie jetzt; die heilige Schrift schien mir mit jener Ciceros keiner Vergleichung wert. Meine Aufgeblasenheit stieß sich an ihrer Weise, und meine Augen drangen nicht in ihre Tiefen. Und doch war es die, welche wachsen will mit den kleinen. Aber ich verschmähte, einer zu sein von diesen kleinen, und dünkte mich groß in meinem Übermut. (III, 5)

Mit heißer Begierde griff ich nun zum heiligen Wort deines Geistes, besonders zu dem, das der Apostel Paulus schrieb; und der Irrtum schwand, mit dem ich gewähnt, Paulus widerspreche sich selbst und den Schriften des alten Bundes. Ein einziger Geist nur tat sich kund in den reinen Reden; des lernte ich mich freuen mit Zittern. Ich fand, wie alle ihre Wahrheit nur ausgesprochen wurde durch die Mitteilung und mit der Empfehlung deiner Gnade, der allein der Preis gebührt für alles, was wir aus ihnen ersehen, und für die Fähigkeit, durch die wir es ersehen. Denn wer hat etwas, das er nicht empfangen hätte? Nicht nur wird er von dir an dich gemahnt, damit er dich sehe, er wird geheilt von dir, damit er dich halte und nimmer lasse. Und wer dich auch in seiner Entfernung noch nicht vermag zu sehen, er gehe nur den Gnadenweg, auf dem er hingelangt, dich zu schauen und zu halten; denn wenn auch sein inneres Vernunftgesetz Gefallen fand an Gottes Gesetz, was will er tun, da er ein anderes Gesetz in seinen Gliedern hat, das gegen das Gesetz seines Geistes ist und ihn gefangen nimmt in der Sünde Gesetz, welches ist in seinen Gliedern? Nur du, Herr, bist gerecht, und wir sind Sünder, wir taten Unrecht, führten Böses aus, und schwer liegt deine Hand auf uns, und zu Recht sind wir dem alten Sünder, dem Fürsten des Todes, hingegeben, denn er hat unsern Willen überredet, daß er ähnlich ward dem seinen, mit dem er nicht bestanden ist in deiner Wahrheit. Was soll er tun, womit sich helfen, der Mensch des Elends? Wer wird ihn befreien von dem Leib dieses Todes, wenn nicht deine Gnade durch Jesus Christus, unsern Herrn, den du dir gleich ewig zeugtest und ließest ihn hervortreten im Anfang deiner schaffenden Liebeswege, an dem der Fürst dieser Welt nichts Todeswürdiges fand; den er erschlug, wodurch vertilgt ward die Handschrift, die wider uns zeugte. – Das enthalten jene Menschenschriften nicht; nicht haben sie die Züge dieser Gottseligkeit, nicht die Tränen des Bekenntnisses, nicht sein Opfer, nicht den zerknirschten Geist, nicht das zerschlagene und gedemütigte Herz, des Volkes Heil, die Braut, die Gottesstadt, des heiligen Geistes Unterpfand, nicht den Kelch unserer Erlösung. Dort singt keiner: »Meine Seele ist stille zu Gott, der mir hilft. Denn er ist mein Hort, meine Hilfe, mein Schutz, daß mich kein Fall stürzen wird, wie groß er ist!« Keiner hört dort die Stimme des Rufenden: »Kommt her zu mir, alle die ihr mühselig und beladen seid!« – Und sie verschmähen, von ihm zu lernen, weil er sanftmütig ist und von Herzen demütig. Denn das hast du den Weisen und Klugen verborgen und hast es den Unmündigen geoffenbart. Wohl viel ein anderes ist es, vom Gipfel des wilden Waldgebirges das Friedensland zu schauen und doch den Pfad zu ihm nicht zu finden, dahin zu streben auf vergeblichen Umwegen, wo sie ringsum lauern und nachstellen, die Flüchtlinge und Überläufer, mit dem Löwen und Drachen, ihrem Anführer – und ein anderes ist's, zu halten den sicher dahin führenden Weg, der da geschirmt ist durch die Fürsorge des himmlischen Königs, wo die nicht rauben, welche die himmlische Kämpferschar verlassen haben, denn sie meiden ihn wie eine Marter. – Dies alles drang mir wundertief ins Herz, da ich den geringsten deiner Apostel las, da ich betrachtete deine Werke und zitterte. (VII, 21)

SPRICH ZU MEINER SEELE, O HERR!

Wer wird mir verleihen, in dir zu ruhen, wer wird mir helfen, daß du in mein Herz kommst und es beseligend sättigst, bis ich alle meine Schmerzen vergesse und dich umfange, mein einziges Gut? Was bist du mir? Sieh mich erbarmend an, daß ich wage zu reden. Und was bin ich dir, daß du von mir geliebt sein willst, und wenn ich's nicht tue, mir zürnst und unermeßliches Elend drohst? O, ist denn das Elend klein, dich nicht zu lieben? Weh mir! Herr, mein Gott, bei deiner reichen Erbarmung verkünd es mir, verkünd es mir, was du mir bist! Meiner Seele sage: Ich bin dein Heil (Ps 35,5). So sprich du mildem Erbarmen, daß ich vermöge zu hören. Siehe, meines Herzens Ohren sind vor dir, schließ sie auf und sprich zu meiner Seele: Ich bin dein Heil! Ach, eilen laß mich dem liebenden Rufe nach und dich ergreifen. Verbirg dein Angesicht nicht vor mir; sterben will ich, um nie zu sterben, damit ich es sehe! Will ersterben der Welt und mir, damit ich zu leben beginne meine todesfreie Ewigkeit, bis ich in dir lebe und du in mir! Aber eng ist das Haus meiner Seele. Wie wirst du einziehen? Mach es weit! Es ist hinfällig, bau es neu. Ja, in ihm ist, was deine Augen beleidigt; wer kann es reinigen, daß es bereit sei für dich?

Wen kann ich rufen außer dir! Reinige mich von den verborgenen Fehlern und bewahre deinen Knecht vor den fremden. Ich glaube, darum rede ich. O Herr, du weißt wohl davon; habe ich ja dir meine Schuld bekannt und mich vor dir verklagt, vergabst du mir doch die Sünde meiner Seele! Denn nimmer will ich mich entschuldigen, Recht haben vor dir, der du die allsehende Wahrheit bist, will mich selbst nicht betrügen, damit meine Sünde nicht zu ihrem wuchernden Vorteil lüge; nein, ich will nicht Recht haben vor dir; denn wer kann bestehen, wenn du die Sünden zurechnest! (I, 5)

O Gott, laß meine Seele nicht müde werden deiner Zucht, laß sie nicht müde werden, deine Erbarmungen zu erkennen, mit welchen du mich aus allen Irrwegen reißt, damit du mir lieber wirst als alle Verführungen, denen ich gefolgt war in den Tagen meiner Verblendung, damit ich dich liebe mit der ganzen Kraft meines Herzens und fest deine Hand erfasse, mit der du mich reißen willst aus aller Anfechtung bis ans Ende. Denn dir, mein Gott und mein König, muß nur dienen, was ich Nützliches als Knabe lernte, dienen muß dir nun, was ich rede und schreibe, lese und sinne. Du züchtigtest mich, wenn ich Eitles lernte, und vergabst mir die sündige Lust an jenen Eitelkeiten. (I, 15)

DER SÜNDIGE MENSCH

Und doch habe ich gesündigt, mein Herr und Gott, du Lenker und Schöpfer aller Dinge, aber der Sünde Lenker nur, die du gegen den bösen Willen der Sünder zum Guten lenkst. Gesündigt habe ich gegen die Gebote der Eltern und der Lehrer, denn in der Folgezeit hätte ich die Kenntnisse zum Guten zu verwenden vermocht, deren Erlernung sie von mir verlangten. Nicht durch die Wahl von etwas Besserem wurde ich ungehorsam, sondern durch die Liebe zu Spielereien. Im Streit gefiel mir der stolze Sieg, erdichteten Märchen lieh ich immer begieriger das Ohr und wurde mit dieser Begierde immer mehr und mehr zu den Schauspielen und Festen der Alten gelockt. Die Geber solcher Spiele erlangen einen Glanz, den fast alle Eltern ihren Kindern wünschen. Und doch lassen sie sie gerne züchtigen, wenn sie solche Schauspiele vom Lernen abhalten, während sie die Kinder nur dazu lernen lassen, daß diese einst in den Stand gesetzt werden, selbst solche Spiele zu geben. Sieh du erbarmend zu, o Herr, und befreie uns, die wir dich anrufen; befreie auch die, welche dich noch nicht anrufen, auf daß sie dich anrufen und du sie befreist! (I, 10)

Ich will beherzigen meine verübten Befleckungen und die fleischlichen Verderbnisse meiner Seele, nicht weil ich sie liebe, sondern damit ich dich liebe, mein Gott. Aus Liebe zu deiner Liebe tue ich das und durchgehe meine schändlichen Wege in der Bitterkeit meiner Selbstprüfung, daß du mir süß wirst, o Süßigkeit, die nicht trügt, Süßigkeit, die Glück und Frieden bringt; daß du mich von meiner Zerstreutheit sammelst, in der ich stückweise zerrissen wurde, da ich abgewandt von dir, dem Einzigen, mich verflüchtigte in vieles. Gierig wollte ich, ein Jüngling, einst mich sättigen an dem, das drunten ist; in meinen unsteten, lichtscheuen Neigungen wagte ich, ins Holz zu schießen wie eine nicht beschnittene Rebe. Und meine Gestalt zerfiel, und faul ward ich vor deinen Augen, mir selbst gefallend, und den Augen der Menschen zu gefallen strebend. (II, 1)

Herr, den Diebstahl straft dein Gesetz und das Gesetz, das geschrieben steht in den Menschenherzen, wo es selbst die Ungerechtigkeit nicht austilgt. Denn welcher Dieb erträgt den Dieb an ihm mit Gleichmut? Nicht einmal der Reiche den durch Mangel dazu getriebenen. Und ich wollte stehlen und stahl, von keiner Not und keinem Mangel getrieben, tat es aus Widerwillen gegen die Gerechtigkeit und zur Nährung der Ungerechtigkeit. Denn ich stahl, was ich im Überfluß und weit besser besaß. Ich wollte nicht dessen froh werden, was ich durch den

Diebstahl erlangte, nein, des Diebstahls und der Sünde selbst. – Es stand ein Birnbaum in der Nähe unseres Weinbergs, von Früchten schwer, die aber weder durch Schönheit reizten noch durch Wohlgeschmack. Um ihn zu plündern, machten wir verderbten Buben uns um Mitternacht auf; denn so lange wurden die Spiele auf den Spielplätzen, nach der verderblichen Sitte, von uns fortgesetzt. Große Menge nahmen wir dem Baum, nicht um damit unser Mahl zu halten, wir warfen sie den Schweinen vor und kosteten nur weniges davon. Das taten wir, weil uns nach dem Unerlaubten gelüstete. Sieh mein Herz an, mein Gott, sieh mein Herz an, denn du hast dich seiner erbarmt, da es in den Tiefen des Abgrunds lag. Was es dort suchte, sage dir jetzt mein Herz: nichts anderes, als ohne Zweck böse zu sein, damit die Ursache meiner Bosheit nur die Bosheit wäre. So schändlich sie war, ich liebte sie, liebte verloren zu gehen, den Abfall liebte ich, nicht das, worein ich fiel. Schändlich stürzte meine Seele sich von deinem Himmel in die Tiefen des Verderbens; nicht durch Schande irgend etwas, nur die Schande selbst begehrend. (II, 4)

Was liebte ich Erbärmlicher nun an meinem Diebstahl? Schön war er nicht, wie könnte das ein Diebstahl sein? Schön waren jene Früchte, die wir raubten, weil sie von dir geschaffen waren, du Schönster von allen, du guter Gott, du höchstes, du mein wahres Gut. Aber nicht sie verlangte meine erbärmliche Seele; ich hatte eine Menge besserer und pflückte jene nur, um zu stehlen. Ich warf sie weg, und die Speise, die mich ergötzte, war nur die Sünde selbst. Ich finde den ergötzenden Gegenstand nicht, der mich zu jener Schandtat verführt hätte. Und doch, wo fehlte je der ergötzende Reiz? Er bietet sich ja allem Menschlichen entgegen, der Mäßigkeit und Klugheit, dem Scharfsinn, der Erinnerung, den Sinnen selber und unserer Lebenslust. Droben liegt er in der hohen Pracht der Gestirne, er liegt in Erde und Meer, die so voll von keimendem Leben sind, das an die Stelle alles Sterbenden tritt; ja, den trüglichen Lastern selbst fehlt der ärmliche, heimliche Reiz nicht; und die Sünde selbst und Schwachheit sucht ihn, abgekehrt von dir, o Gott, doch in der verkehrten Nachahmung deiner! Der Stolz will die Hoheit nachahmen, während du, alleiniger Gott, über alles erhaben bist. Die Ehrsucht sucht den Ruhm und den Glanz, und du vor allen bist einzig verehrungswürdig und ruhmreich in Ewigkeit. Die strenge Macht will gefürchtet sein, aber wer ist zu fürchten, als der alleinige Gott, dessen Macht nichts entzogen werden kann? Der liebkosende Mutwille will geliebt sein, doch nichts ist liebkosender als deine Huld; und zuträglicher wird nichts geliebt als deine vor allem reizende, leuchtende Wahrheit. Die Neugier äfft die Wißbegierde nach, während du alles am besten weißt. Unwissenheit und Torheit geben sich den Namen der Unschuld und Unschädlichkeit, und doch ist niemand unschuldiger als du, und niemand unschädlicher, selbst da, wo du den bösen Taten feindlich dich erweist. Für Seelenruhe will die Trägheit gelten, und wo ist wahre Ruhe als in Gott? Die Schwelgerei will Reichlichkeit und Fülle heißen, du aber bist der nie abnehmende Reichtum und die nie verletzte Wonne. Freigebigkeit will die Verschwendung scheinen, aber du bist der reichliche Geber alles Guten. Vieles möchte die Habsucht, und du hast alles. Um Vorzüge zankt sich die Mißgunst, und wer ist vorzüglicher als du? Rache sucht der Zorn, wer rächt gerechter als du? Die Furcht bebt vor dem, das ungewohnt und überraschend über das kommt, was wir lieben, und will für Sicherheit sorgen; aber was kommt dir ungewohnt und überraschend? Wer trennt von dir denn, was du liebst? Wo als bei dir ist wahre Sicherheit? Die Traurigkeit verzehrt uns, wenn wir verloren haben, was uns freute, und sie sich nicht darein ergibt; aber dir kann nichts genommen werden. So schweift die Seele aus, wenn sie von dir sich abwendet, wenn sie außer dir sucht, was sie nur rein und klar findet, wenn sie wieder zurückkehrt zu dir. Aber selbst durch solche verkehrte Nachahmung zeigen alle, die sich von dir entfernen und sich wider dich erheben, daß du der Schöpfer der ganzen Natur bist und daß es unmöglich ist, sich ganz von dir zu wenden. – Was liebte nur ich an jenem Diebstahl, in was ahmte ich darin, wenn auch verkehrt und sündig, meinem Gott nach? Wollte ich darum handeln wider dein Gesetz, damit ich die den Beschränkten fehlende Freiheit nachahme, vergebens freilich, da es mir an Macht gebrach? Wollte ich in der ungestraften Ausübung des Verbotenen ein Abbild deiner Allmacht zeigen? (II, 6)

Was hatte ich Elender einst für Frucht von dem, was mich jetzt erröten macht, von jenem Diebstahl insbesondere, in welchem ich nur den Diebstahl liebte, was für Frucht, als daß er nichts bot und ich durch ihn nur elender wurde? Und doch hätt' ich es allein nicht getan, so weit erinnere ich mich des damaligen Zustandes meiner Seele. So liebte ich dabei auch die Gesellschaft der Sünder, mit welchen ich es tat, den Diebstahl nicht allein? Wahrlich, nichts anderes als ihn, und war doch nichts an ihm. Lehre mich, Herr, der du mein Herz erleuchtest und zerstreust seine Schatten! Hätte ich die entwendeten Früchte begehrt und gewünscht, sie zu genießen, so hätte ich auch allein die Sünde zu begehen vermocht, durch die ich zu meinem Vergnügen gelangt wäre, ohne daß ich durch die Reizung der Gemüter meiner Mitwisser meine Begierde noch mehr zu entzünden brauchte. Aber weil ich nicht Lust zu den Früchten hatte, so hatte ich sie zur Sünde selbst, die der Mitsünder Gesellschaft nur zugleich beging. (II, 8) mmer und überall gilt das Gebot, zu lieben Gott von ganzem Herzen und von ganzer Seele, mit allen Kräften und seinen Nächsten wie sich selbst. Und die Verbrechen gegen die Natur immer und überall zu verabscheuen gleich Sodoms Gräueln. Begingen diese alle Völker, so würden sie nach Gottes Gesetz alle auch der nämlichen Strafe, wie Sodom, unterliegen; denn unsre Verbindung mit Gott wird verletzt, wenn die Natur, deren Urheber er ist, auf verkehrte Weise befleckt wird. Die Sünden aber, welche nur gegen die Sitten der Menschen sind, sind zu vermeiden nach der Verschiedenheit dieser Sitten; es soll der Brauch, den Gemeinde oder Volk durch Verjährung oder durch Gesetz bestimmte, durch keines Bürgers, keines Fremdlings Übertretung verletzt werden, *denn jedes Glied ist schändlich, das seinem Ganzen nicht entspricht.* Wenn aber Gott gegen Sitten und Vertrag einiger Menschen Befehle gibt, so ist sein Gebot zu vollführen, wenn gleiches dort auch nie vollführt worden, ist zu erneuen, wenn es unterlassen ward, und einzuführen, wenn nicht eingeführt. Schon einem König steht es zu, seinem Volk etwas zu befehlen, was weder jemand vor ihm noch er selbst jemals befahl, und es ist nicht gegen die Ordnung der bürgerlichen Gesellschaft, wenn ihm gefolgt wird, aber gegen sie ist's, wenn man ihm nicht folgt; denn Gehorsam gegen die Könige ist der allgemeine Rechtsbrauch der menschlichen Gesellschaft. Um wieviel mehr ist Gott, dem König der Schöpfung, in allem zu gehorchen ohne Widerrede, was er auch gebieten mag. Wie unter den Gewalten der Welt die größere der kleineren vorsteht, damit ihr von dieser gehorcht werde, so steht Gott über allen. – Gegen die Nächstenpflichten aber wird gefrevelt bei allen Schandtaten, welche durch Zufügung von Schmach und Unrecht zu schaden suchen oder der Rache wegen gar durch beides, wie es der Feind gegen den Feind tut; oder um des andern Gut sich zuzueignen, wie der Räuber auftritt gegen den Wanderer; oder um Übel zu vermeiden, da, der es fürchtet, dem, den er fürchtet, schadet; oder aus Neid, da der Elende dem Glücklichen Schaden bringt; ja, beim glücklichen Fortgang einer Sache, aus Furcht oder aus Ärger über den Wetteifer eines andern, oder aus bloßem Vergnügen an fremdem Schmerz, wie die Zuschauer es fühlen bei den Fechtspielen und die Spötter und Neckischer aller Art. Das sind die Häupter der Sünde, welche aus der Sucht zu herrschen, zu schauen und zu fühlen entweder aus einer oder aus zweien oder aus allen diesen zugleich herauswachsen. – So wird schlecht gelebt wider die drei Gebote der Pflichten gegen dich und wider die sieben Gebote der Pflichten gegen den Nächsten, wider deinen zehnsaitigen Psalter, deine zehn Gebote, du höchster und süßester Gott! Aber können denn Schandtaten gegen dich geschehen, der du nie verletzt wirst, dem niemand schaden kann? Nein, du strafst das, was die Menschen gegen sich selbst begehen, weil sie, gegen dich sündigend, an ihrer eigenen Seele sündig handeln. Die Ungerechtigkeit mit ihrer trüglichen Macht verderbt und verkehrt die von dir geschaffene, gelenkte Menschennatur, bis sie das Erlaubte unmäßig genießt oder bis sie nach dem widernatürlichen Genuß des Verbotenen entbrennt. Auch fallen sie in Schuld, wenn sie mit Herz und Worten gegen deine Lenkungen toben und wider den Stachel ausschlagen, der sie treibt. Oder sie zerreißen die Ordnung der Gesellschaft durch selbstsüchtige Trennungen und Verbindungen, je nachdem sie etwas beleidigt und ergötzt. So kommt es, wenn du des Lebens Quelle, du einiger, wahrer Lenker der ganzen Welt, veranlassen wirst und wenn man im selbstsüchtigen Hochmut das einzelne liebt, das falsch und trüglich ist, so es nicht geliebt wird in dir. Nur durch Kindesdemut kehrt man zurück zu dir; dann reinigst du uns von der bösen Gewohnheit, siehst gnädig auf die Sünden der Bekennenden und hörst die Seufzer der Gefesselten; du erlöst uns von den Ketten, die wir selbst um uns wanden, wenn wir nicht mehr gegen dein sanftes Joch in Zügellosigkeit das Horn erheben, nicht mehr in der Gier, nur mehr zu besitzen, beharren, die uns die Gefahr bringt, alles zu verlieren, und wenn wir mehr nicht unser Eigenes lieben als dich, du Gut aller Güter, durch den alles Gute gut ist. (III, 8)

Unter der Sündenmenge sind auch noch die Unvollkommenheiten der im Guten Vorschreitenden, die nach dem Maßstab der Vollkommenheit getadelt, aber in Hoffnung, sie dürften gute Frucht einst bringen, gebilligt werden, gleich des Feldes jungen Saaten. Auch sieht gar manches wie Sünde aus, und ist es nicht. So wird manches zeitgemäß zum Nutzen fürs Leben erworben, von dem es ungewiß ist, ob es aus Habsucht geschieht; manches wird von der eingesetzten Gewalt, in der Absicht zu bessern, bestraft, von dem man nicht weiß, ob es nicht aus Lust bestraft wird, zu verletzen. Viel nach dem Urteil der Menschen Verwerfliches ist nach deiner Zustimmung zu billigen, und vieles wird von dir verdammt, das von den Menschen gelobt wird. Denn oft verhält sich das äußere Ansehen einer Tat ganz anders als das Gemüt des Handelnden und wird von ihm zu einem Zeitpunkt getan, dessen Umstände uns verborgen sind. Wenn die Menschengesellschaft gerecht ist, die dir gehorcht, wer möchte dann zweifeln, daß getan werden müsse, was du, auch plötzlich, neu und ungewöhnlich befiehlst, selbst wenn du sonst es verboten hättest und die Ursache deines Befehls noch verbärgest, ja, selbst wenn es gegen den geselligen Brauch mancher Menschen wäre. Glücklich, die wissen, daß du es befahlst; denn alles, was deine Diener so tun, geschieht entweder, um zu üben, was der Gegenwart Not tut, oder um in die Zukunft zu weisen und sie anzubahnen. (III, 9)

Körperliche Schönheit reizt unsre Sinne und zwar jedes nach der Art seiner Empfänglichkeit; so der Schmuck von Gold und Silber, so das schöne Ebenmaß greifbarer Körper. Ebenso haben weltliche Ehre, Macht und Gewalt und der Trieb nach Freiheit ihre Reize; aber bei all diesem dürfen wir nicht von dir und deinen Gesetzen weichen. Auch unser irdisches Leben ist um seiner selbst willen liebreizend und eint sich gern mit jenem niedrigeren Schönen der Erde. Süß ist uns das teure Band der Zuneigung, das viele Seelen in Übereinstimmung bringt. Doch Sünde wird das alles, wenn man, in zügelloser Lust nach den niedrigeren Gütern, die besseren und die höchsten, dich unsern Herrn und unsern Gott, und dein Gesetz und deine Wahrheit verläßt. Wohl hat auch dies Niedere seine Freude, nicht aber wie mein Gott sie hat, der alles schuf, da in ihm selbst erfreut wird der Gerechte, da er selbst die Wonne tugendhafter Herzen ist. So kommt es, daß man die böse Tat nur dann für Sünde hält, wenn ihre Ursache die Begierde nach jenen niederen Gütern ist oder die Furcht vor ihrem Verlust. Wie schön und lockend sie auch sind, vor jenen höheren, seligen Gütern sind sie schlecht und ohne Wert. Und wo finden wir bei den Sünden der Menschen jene Ursachen nicht? Jemand beging einen Mord. Warum wohl? Er liebte des Ermordeten Weib oder Gut; er wollte rauben, um zu leben; fürchtete Schaden von dem, den er erschlug; oder dürstete beleidigt nach Rache. Wer möchte glauben, daß er ohne solchen Grund den Mord verübte, nur um am Mord selbst sich zu erfreuen? Von Catilina, einem unsinnigen, höchst grausamen Menschen, der sich mit den Genossen seiner Laster zum Untergang seiner Vaterstadt Rom verschwor, wird zwar erzählt, er sei, ohne etwas darin zu suchen, böse und grausam gewesen. Aber doch wurde, von dem Erzähler seiner Verbrechen, als ihre Ursache angegeben, er habe nicht gewollt, daß ihm in der Untätigkeit Hand und Mut erschlaffe. Er beging doch nur sein Verbrechen, um durch Eroberung der Stadt Ehre, Gewalt und Reichtum zu erlangen, damit er, dessen Vermögen zerrüttet, dessen Gewissen von Verbrechen belastet war, Gesetz und Not nicht mehr zu fürchten brauche. So liebte selbst dieser Catilina seine Verbrechen nicht, sondern etwas anderes, das ihn erst in sie stürzte. (II, 5)

ALLE WEISHEIT
KOMMT VON GOTT

Neunundzwanzig Jahre alt war ich, als nach Karthago ein manichäischer Bischof namens Faustus kam, eine gewaltige Schlinge des Satans, der ihm viele mit dem lockenden Laut seiner schmeichelnden Rede fing. Wenn ich diese auch lobte, so unterschied ich sie doch von dem Wesen der Dinge selbst, die ich eifrig zu lernen begehrte, und darum sah ich nicht auf das Gefäß, auf die Sprache, sondern auf das, was mir Faustus, der von ihnen glücklich Gepriesene, darin an gelehrter Nahrung vorsetzte; denn groß war sein Ruf in diesen Dingen und er ein in den Wissenschaften überhaupt wohlunterrichteter Mann. Weil ich aber auch in den Philosophen belesen war und vieles von ihnen im Gedächtnis behalten hatte, so verglich ich manches von ihnen mit den langen Fabeln der Manichäer, und mir schienen die Aussprüche der Philosophen bewährter, weil sie auf die Durchforschung der Welt gegründet waren, deren Herrn sie freilich nicht entdeckten, da du deine Größe zeigst, o Herr, indem du des Demütigen dich annimmst, den Stolzen aber in seiner Entfernung kennst. Und so nahst du nur denen, die ein zerschlagen Gemüt haben, von den Stolzen aber wirst du nicht entdeckt. Auch jene Philosophen entdeckten dich nicht, obwohl sie Mond- und Sonnenfinsternis auf die Stunde vorherzuverkündigen wußten. Wohl wird es damit kommen, wie sie vorhersagten, und darüber staunen die Unkundigen, die Kundigen aber erheben sich und werden erhoben, fallen und weichen in ihrem Stolz von deinem Licht, sehen lange vorher der Sonne Verfinsterung, aber die ihrige sehen sie nicht; denn nicht mit frommem Sinn fragen sie, woher ihr Geist sei, der da jenes erforsche. Und wenn sie entdecken, nach was sie forschten, weil du sie so bereitetest, so geben sie sich selbst dir nicht, damit du bewahrst, was du bereitet hast. Zu was sie sich auch selber machten, sie richten dir sich zugrunde; hetzen ihren vermessenen Flug, wie die Vögel der Lüfte, ihre Neugier wie die Fische des Meeres, mit welchen sie schweifen durch die verborgenen Pfade der Tiefe; ihre Lüste wie des Feldes Tiere, bis du Gott, ein fressend Feuer, ihre ersterbenden Sorgen zerstörst und sie wiedererschaffst zu unsterblichem Leben. Noch lernten sie den Lebensweg, dein Wort nicht kennen, durch welches du schufst, was sie zählen, und sie, die da zählen, und den Sinn, mit dem sie sehen, was sie zählen, und den Verstand, durch den sie zählen; aber deiner Weisheit ist keine Zahl. Er selbst, der Eingeborne ist uns gemacht zur Weisheit und zur Gerechtigkeit und zur Heiligung, wurde zu uns gezählt und zahlte in Demut den Schoß dem Kaiser. Nicht lernten sie diesen Weg kennen, auf welchem sie von sich zu ihm hinabsteigen und zu ihm hinaufsteigen sollen durch ihn; sie lernten diesen Weg nicht kennen und halten sich für leuchtend und erhaben wie die Sterne. Aber siehe, sie stürzten zur Erde, und ihr unverständiges Herz ist verfinstert. Wohl sagen sie viel Wahres von der Schöpfung, aber die Wahrheit der Schöpfung, den Bildner, suchen sie nicht mit frommem Herzen, und darum finden sie ihn nicht; oder wenn sie ihn finden und Gott erkennen, so ehren sie ihn nicht als Gott und danken ihm nicht. Ja, in ihren Gedanken sich ins Leere verlierend, halten sie sich für weise und schreiben *sich* zu, was dein ist. Daher suchen sie in verkehrter Blindheit dir zuzuschreiben, was das Ihre ist, häufen Lügen auf dich, der du die Wahrheit bist, und verwandeln die Herrlichkeit des unvergänglichen Gottes in ein Bild, gleich der vergänglichen Menschen und der Vögel, und der vierfüßigen und der kriechenden Tiere, verkehren deine Wahrheit in Lüge, ehren die Geschöpfe und dienen ihnen mehr als dem Schöpfer. Doch behielt ich von ihnen viele der wahren Aussprüche über die Schöpfung, während nichts, weder Sonnenwenden noch Sonnen- und Mondfinsternisse, mit den Berechnungen eines gewissen Manichäers eintraf, denen ich doch blindlings glauben sollte. (V, 3)

EINE GROSSE KRAFT
IST DAS GEDÄCHTNIS

Eine große Kraft ist das Gedächtnis, mein Gott, voll unergründlicher, unzähliger Fälle, und so ist meine Seele, und so bin ich selbst. Was bin ich also, mein Gott, und welche Natur bin ich? Ein unaussprechlich vielfaches Leben bin ich. Siehe in den unzähligen Gefilden und Gründen meines Gedächtnisses die Arten unzähliger Dinge, mögen sie in mich gekommen sein als Bilder, wie sie von der Körperwelt kommen, oder als die Sachen selbst, wie bei den Wissenschaften, oder gar unergründlich, wie bei den Gefühlen der Seele! Durch das alles bewege ich mich und finde das Ende nicht. Solche Lebenskraft ist das Gedächtnis im sterblichen Menschen! Und auch über sie muß ich mich erheben, wenn ich zu dir gelangen will, zu dir, mein süßes Licht; denn durch meine Seele hindurch muß ich zu dir, der du über ihr bleibst. Denn auch die Tiere haben Gedächtnis – wie könnten sie sonst ihre Lager und Nester wiederfinden – und finden dich nicht; du aber erhebst mich über sie, du machtest mich weiser als sie. Aber wo finde ich dich nun, meine Friedenswonne? (X, 17)

Über die Sinnlichkeit erhob ich mich auf meinem Wege zu Gott und komme nun in das weite Gebiet meines Gedächtnisses, wo der Schatz unzähliger Bilder aufgehäuft liegt. Für das sammle ich, solange ich lebe: Manches geht sogleich ein, manches erst nach längerem Betrachten, anderes muß ich erst aus dem verworren sich mir Darbietenden auslesen; vieles bietet sich mir in ununterbrochener Reihe als ein Ganzes dar. Und nach seiner Gattung liegt nun alles geordnet aufbehalten. Jeder leibliche Sinn trägt dazu, aber was er bringt, sind nicht die Dinge selbst, sind nur ihre Bilder; und selbst ohne daß ich diese Sinne wieder zu Hilfe nehme, kann ich diese Bilder in mir hervorrufen, kann es, ohne daß sich dieselben untereinander verwirren. Und so sind mir Himmel und Erde, mit allem was darin ist, gegenwärtig im unerforschlichen Raum der Erinnerung. Auch mir selbst begegne ich hier und wiederhole mich mit allem, was ich erfuhr oder glaubte; ja, ich schließe, selbst sinnend und hoffend, auf künftige Erfolge und mache mir so alles zur Gegenwart. Ich hoffe auf Wiederfinden und siehe, das Entschwundene steigt gegenwärtig aus der Erinnerung. Ja, groß, mein Gott, und unbegrenzt ist die Macht des Gedächtnisses! Wer kann es ergründen? Eine Kraft meiner Seele ist's und gehört zu meiner Natur, und so fasse ich selbst nicht ganz, was ich bin. Denn die Seele kann sich nicht in alles verbreiten, was sie hat; doch wenn sie nicht weiß, wo das ist, was in ihr ist, so ist es darum nicht außer ihr, es ist in ihr. Staunen faßt mich! Die

Menschen bewundern der Berge Höhen und des Meeres Tiefen, des Ozeans und des Sternenkreises Weiten, und sich selbst verlassen sie und staunen nicht über sich selbst, in deren Gedächtnis diese ganze Welt liegt! (X, 8)

Mehr noch faßt das Gedächtnis; was ich in den Wissenschaften lernte, es liegt in ihm als die Sache selbst, nicht nur als ein Bild von ihr. Ganz wie ich es fand und wie es ist, so liegt und bleibt es in den wunderbaren Zellen der Erinnerung, nicht bloß als ein Abbild dessen, das selbst mir schnell, wie jene sinnlichen Eindrücke, entschwunden ist. (X, 9)

Das Erlernen dieser Wissenschaften ist nichts anderes als ein Durchdenken und Ordnen dessen, was das Gedächtnis allmählich und ungeordnet sammelt und ein Aufbewahren des Zubereiteten, damit es zur Hand sei, wenn man sein bedarf.

Aber wenn ich das Erlernte nach einem Zwischenraum der Zeit wieder hervorrufen will, so weicht es wieder wie in einen tiefer verborgenen Ort zurück, so daß ich es von neuem wieder denken, aus seiner Tiefe und Zerstreuung holen und sammeln muß. (X, 11)

Ebenso enthält mein Gedächtnis Zahl und Maß von allem, und auch das kommt nicht in mich mit leiblichem Sinn. Wohl hör ich es mit Worten abhandeln, aber die Sache bleibt dieselbe, wenn sie auch in den verschiedensten Sprachen vorgetragen wird. Und diese Gesetze der Zahl und des Maßes sind wieder nicht nur Bilder der Dinge, sie sind an den Dingen und sind doch weder die Dinge selbst noch bloß ihre Bilder. (X, 12)

Doch wenn ich dich finde außer meinem Gedächtnis, so bin ich dein nicht eingedenk; und wie will ich dich finden, dein nicht eingedenk? Jenes Weib suchte mit dem Licht den verlorenen Groschen; wäre sie sein nicht eingedenk gewesen, so hätte sie selbst, da sie ihn fand, nicht gewußt, ob es der verlorene wäre. Was wir verlieren, muß im Gedächtnis sein Bild zurücklassen, wenn wir es wiederfinden wollen. (X, 18)

Selbst wenn das Gedächtnis etwas verliert, wie es geschieht durch Vergessen, so können wir es doch nur im Gedächtnis wieder suchen, in ihm erkennen wir es allein wieder durch Erinnerung. Wir hatten es nicht ganz, nur teilweise, vergessen, und das Gedächtnis fühlte diesen Mangel und forderte seine Erstattung. Selbst wenn wir durch die Mahnung eines andern etwas wiederfinden, so glauben wir daran nicht als an ein Neues, sondern das Gedächtnis sagt uns, es sei das Gesuchte. Wäre es ganz aus der Seele gelöscht, so könnten wir selbst bei solcher äußeren Mahnung uns nicht erinnern; und so könnten wir ein Verlorenes nicht suchen, wenn wir sein ganz vergessen hätten. (X, 19)

DIE GÖTTLICHE GNADE

O Gott, was bist du? Was frage ich? Wer als mein Herr! Denn wer ist Herr außer dem Herrn, und wer ist Gott außer unserem Gott! Du Höchster, Bester, Mächtiger, Allvermögender! Du Erbarmungsvoller und Gerechter, Verborgenster und Allgegenwärtiger, voll Schönheit und voll Stärke! Der du beharrlich bist und doch unerfaßlich; der du, selber wandellos, alles wandelst, niemals neu wirst und niemals alt und doch alles erneuest und die Übermütigen hinaltern läßt und welken, ohne daß sie darauf merken! Du, immer tatenreich und immer ruhevoll, der sammelt und doch nichts bedarf, der trägt, erfüllt und schirmt, schaffend, nährend und vollendend! Der du suchest, da nichts dir abgeht, liebest und frei bist von der Begierde Glut, eiferst und doch bleibest ohne Anfechtung! Dich schmerzt deine Reue nicht; du zürnst und bleibst die Milde, wandelst deine Werke, und dein Ratschluß bleibt unwandelbar! Auf nimmst du, was du findest, und hast es doch nie verloren; bedarfst nichts und freust dich des Gewonnenen; nie verlangend treibst du die Zinsen ein! Dir wird dargetan, daß du zum Schuldner wirst, und wer hat etwas, das nicht dein wäre? Schuld entrichtest du, die du keinem schuldest; erläßt Schuld und verlierst

53

nichts. – Wie vermögen wir dich auszusprechen, o du mein Gott und mein Leben, meine süße, heilige Wonne! Was weiß der Mensch zu reden, wenn er redet von dir? Der Beredten Mund verstummt vor dir, aber wehe denen, die von dir schweigen! (I, 4)

Doch laß mich reden um deiner Erbarmung willen, reden laß mich, den Staub und die Asche. Denn siehe, ich rede zu deiner Erbarmung, rede nicht zu einem Menschen, der da spottet meiner Niedrigkeit. Doch auch du findest mich wohl des Hohnes wert, aber wie du dich auch zu mir wendest, du wendest dich nur zu mir, um dich meiner zu erbarmen. – Und wenn ich nun vor dir reden will vom Ursprung meines Lebens, Herr mein Gott, was kann ich sagen, als daß ich nicht begreife, von wannen ich hierher kam, ich weiß nicht, soll ich sagen, in dies todesvolle Leben oder in diesen lebensvollen Tod. Mit mir war deine erbarmende Hilfe, seit du mich in diesen Leib gebildet hast und in diese Zeit gesetzt, wie ich es vernahm von meines Leibes Zeugen, der ich selbst nicht davon weiß. Dann nährte mich mild die Milch des Menschen, aber du warst es, der sie meiner Mutter und meiner Amme gab. Durch diese hast du der Kindheit Nahrung mir zugeteilt, nach dem Reichtum der lenkenden Weisheit, den du austeilst bis an den kleinen Anfang deiner Erschaffenen. Du bildest mich so, daß ich nicht mehr verlangte, als du gabst; du verliehst die Liebe meiner Ernährerin, mit der sie mir freundlich bot, was sie in Fülle von dir hatte. Sie gaben mir wohl Gutes von ihrem Gut, doch nicht von ihrem Eigentum; denn von dir, Gott, stammt alles Gute, und von meinem Gott kommt mir alles Heil. Wohl erkannte ich das erst in den folgenden Jahren, wo du an dich mich mahntest und zu dir mich ludst durch alles, was du mir mitteiltest an inneren und äußeren Gütern. Denn damals vermochte ich nichts, als mich zu nähren an der Menschenbrust, zu schlummern im Behagen, zu weinen im Schmerz meines Fleisches. Hierauf begann ich zu lächeln, zuerst im Schlaf, dann im Wachen. Doch siehe, allmählich empfand ich, wo ich war, wollte jetzt meine Wünsche denen kund tun, durch die sie sollten erfüllt werden, und vermochte es nicht; denn was ich wünschte, war in mir; die es erfüllen sollten, waren außer mir und konnten mit keinem ihrer Sinne in meine Seele dringen. Nun erhob ich die Stimme und bewegte die Glieder, um sie zu Zeichen meiner Wünsche zu machen, aber sie waren nicht bezeichnend. Da man mir nicht zu Willen war, ward ich zornig auf die großen Leute, die sich mir nicht unterwarfen, und auf die von mir Unabhängigen, die mir nicht dienen wollten, und rächte mich an ihnen durch Geschrei. Das sah ich an andern Kindern, und die sagten mir deutlicher, als es meine Ernährer mir erzählten, daß auch ich ein solches Kind gewesen. Aber siehe, meine Kindheit ist längst gestorben, und ich lebe. Du aber, Gott, der du immer lebst und in dem nichts stirbst, weil du vor der Zeiten Beginn und vor allem bist, was vor diesem mag gewesen sein, du bist der Gott und Herr von allem, was du schufst; bei dir bleiben die unveränderlichen Gründe aller wandelbaren Wesen, leben die ewigen Grundgedanken aller vernunftlosen und vergänglichen. So vertrau es denn mir, deinem Flehenden, vertrau es barmherzig deinem Erbarmenswerten, ob meine Kindheit gefolgt sei einem ihr schon vorangegangenen Leben oder ob dies vorangegangene kein anderes war, als das ich zubrachte in meiner Mutter Leib. War etwas auch vor diesem, du meine süße Wonne, mein Gott? War ich wo und war ich wer? Ich habe nicht, der mir es sagte; weder Vater noch Mutter noch den Versuch anderer noch mein Gedächtnis. Aber du lächelst wohl mein, indem ich dies frage, du gebietest mir, dich über dem zu loben, das ich weiß. So will ich dich preisen, Herr des Himmels und der Erde, will dir danken für meinen Ursprung und für mein Kindesleben, ob ich mich ihrer auch nicht entsinne; denn von andern sollen wir in diesen Dingen auf uns selber schließen, sollen den Frauen viel dessen glauben, was sie uns von uns selbst erzählen. Schon damals war ich und suchte nach Zeichen für meine Anliegen und Wünsche. Woher solch ein Lebendiges als von dir! Denn wo wäre der Künstler, der sich selbst erschaffen hätte? Jeder Quell, aus dem uns Leben strömt, kommt nur von seiner Schöpfermacht, der du selbst das höchste Leben bist. Der Höchste bist du und der Unveränderliche; in dir vergeht der heutige Tag nicht, und doch vergeht er in dir, weil du auf geordneten Bahnen alles Lebendige dahineilen läßt. Vor dir ist nichts als Gegenwart, weil deine Jahre nicht vergehen. Doch wie viele von unseren Tagen und von den Tagen unserer Väter sind durch diesen Heutetag deiner ewigen Gegenwart gegangen und haben von dir ihr zugemessenes Teil empfangen, und wie viele werden es noch empfangen! Du aber bist immer derselbe, wirst zum Heute machen alles Morgende und alles, was nach diesem folgt, wie du alles Vergangene und Längstvergangene dazu gemacht. Und wer das auch nicht begreift, der freue sich schon, daß er so fragen darf, und es gefalle ihm mehr, dich durch Nichtfinden zu finden, als dich durch Finden nicht zu finden. (I, 6)

All meine Hoffnung ruht nur in deinem reichen Erbarmen, so gib denn, was du befiehlst, und befiehl, was du willst. Du befiehlst uns Enthaltsamkeit – gib sie mir; denn ich kann nicht anders enthaltsam sein, es gebe mir sie denn Gott; und Weisheit ist, erkennen was solche Gnade ist. Durch Enthaltsamkeit werden wir gesammelt und wiedergebracht zu dem Einen, von dem wir uns in vieles zerstreuten. Denn weniger liebt dich, der neben dir etwas liebt, das er nicht liebt deinetwegen. O Liebe, du immer brennende und nimmer erlöschende Liebe, die du mein Gott bist, entzünde mich! Enthaltsamkeit gebietest du mir; gib, was du gebietest, und gebiete, was du willst. (X, 29)

DIE LIEBE ZU GOTT

Mein Bewußtsein bezeugt mir in fester Zuversicht, daß ich dich liebe, Herr, denn mit deinem Wort hast du mein Herz getroffen, da mußte ich dich lieben. Ja, auch Himmel und Erde und alles was darin ist, siehe, sie sagen mir überall, ich soll dich lieben, sie sagen es ohne Aufhören allen, also daß sie keine Entschuldigung haben. Und derer du dich erbarmt hast, ihrer wirst du dich weiter erbarmen, daß sie nicht taub bleiben, da Himmel und Erde dein Lob verkünden, daß sie dich fühlen in Liebe, du Leben ihres Lebens. Aber was liebe ich, wenn ich dich liebe? Nicht Körpergestalt, nicht zeitliche Schöne, nicht des Lichtes Glanz, der diesen Augen so freundlich ist, nicht das süße Tönen all dessen, was da singt und klingt, den lieblichen Duft der Blumen nicht und all dessen, was ihn aushaucht, nicht Manna und Honig, nicht der Glieder Reiz, der zur Umarmung lockt. Das alles liebe ich nicht, wenn ich meinen Gott liebe, und liebe doch irgendein Licht und eine Stimme, einen Duft und eine Speise, liebe eine Umarmung, wenn ich meinen Gott liebe, ihn, das Licht und die Stimme, den Duft, die Speise und die Umarmung meines inneren Menschen; wo meiner Seele zustrahlt, was kein Raum erfaßt, wo ihr tönt, was in keiner Zeit verhallt, wo ihr duftet, was kein Lufthauch verweht, wo sie kostet, was durch kein Speisen vermindert wird, wo sie nimmer satt wird, zu liegen in der seligen Umarmung. Das liebe ich, wenn ich meinen Gott liebe. Und was ist dieses? Ich fragte die Erde, und sie sprach: Ich bin es nicht, und alles, was auf ihr ist, hat mir dasselbe bekannt. Das Meer fragte ich und seine Gründe alle und belebte Wesen, und sie antworteten: Wir sind nicht dein Gott, such ihn über uns. Ich fragte die wehenden Lüfte, und der Luftraum sprach mit allen seinen Bewohnern: Anaximenes irrt, ich bin nicht Gott. Den Himmel fragte ich, die Sonne, den Mond und die Sterne, und ihre Rede war: Wir sind Gott nicht, den du suchst. Da sprach ich zu allen, die sich meiner Augen Gesichtskreis darstellten: Wohl sagtet ihr mir, ihr wäret nicht mein Gott; was ist es, das ihr von ihm mir sagen könnt? Und sie riefen zusammen alle mit großer Stimme: Er selber schuf uns! Und siehe, ihr Dasein war ihre Antwort. – Da wendete ich mich zu mir und fragte mich: Du, was bist du? Und ich antwortete: Ich bin ein Mensch aus Leib und aus Seele, die sind an mir das Äußere und Innere. In was hier habe ich meinen Gott zu suchen, der ich mit meinem Leib schon suchen ging von der Erde bis zum Himmel, so weit ich senden konnte meine Boten, die Strahlen meiner Augen? Aber höher steht mein innerer Mensch, denn der war der Herr jener Boten, er sandte sie, und vor sein Urteil brachten sie jede der Antworten, die ihnen Himmel und Erde gaben, da sie sprachen: Wir sind nicht Gott, aber er schuf uns. Das erfuhr der innere Mensch durch den Dienst des äußeren; ich, ich, die Seele, erkannte das durch die leiblichen Sinne. Und derselbe Anblick wird allen, denen gesunde Sinne wurden, und doch nicht alle vernehmen die hohe Kunde. Die Tiere alle, die kleinen und großen, sehen dasselbe und vermögen doch nicht zu fragen, denn ihre Boten, die Sinne, haben keine Vernunft, die sie sendet und ihre Antwort beurteilt. Die Menschen aber vermögen zu fragen, damit Gottes unsichtbares Wesen von ihnen erkannt werde durch die leibliche Schöpfung. Aber sie werfen ihre Liebe nur auf diese und werden ihr untertan, und in ihrer Unterwerfung vermögen auch sie nicht, jene hohe Kunde zu beurteilen; denn die Körperwelt steht denen nur Antwort, die mit dem Urteil des befreiten Geistes forschen. Und doch spricht die Körperwelt keine verschiedenartige Sprache, sie hat nicht verschiedenerlei Gestalt, so daß der gedankenlos und der im Geiste fragende Schauer verschiedenes schaute und sie dem einen so, dem andern anders erschiene. Sie ist dieselbe überall, aber jenem ist sie stumm, zu diesem redet sie: ja, sie redet zu allen, aber die nur vernehmen ihre Sprache, welche sie mit der urteilenden Wahrheit vergleichen, die in ihnen selber spricht. Denn diese Wahrheit sagt mir: Weder Himmel noch Erde, noch alles Leibliche sind dein Gott. Das sagt ihre Natur dem Schauenden, und sie ist nur Körpermasse, kleiner im Einzelnen als im Ganzen. Schon du bist höher, meine Seele, denn du belebst deine Körpermasse, du reichst ihr das Leben, was kein Körper kann dem Körper reichen; dein Gott aber, meine Seele, ist das Leben deines Lebens, der es belebt, der es dir erhält. (X, 6)

Was liebe ich denn nun, wenn ich meinen Gott liebe? Was ist er hoch über meiner Seele? Durch meine Seele selbst steige ich zu ihm empor. Aber ich muß über jene Seelenkraft hinaus, durch die ich an meinem Leib hange und ihn belebend erfülle. Fände ich ihn mit dieser, so fände ihn auch Roß und Maultier, die wie ich jene Kunst, nur ihnen nicht bewußt, haben. Es ist noch eine andere Kunst in mir, durch welche ich meinen Leib nicht nur belebe, sondern lenke an dem Band seiner Sinne; darum wies Gott jedem meiner Sinne seine eigene Verrichtung an, dem Auge gebietend, nicht zu hören, und dem Ohr gebietend, nicht zu sehen. Und wie Verschiedenartiges ich durch die Sinne auch tue, doch bin ich dabei immer ein und dieselbe Seele. Doch auch über diese Seelenkraft muß ich hinaus, wenn ich meinen Gott erkennen will, denn auch dem Roß und Maultier ist sie gegeben, auch sie führen ein fühlendes Leben durch das Band ihrer leiblichen Sinne. (X, 7)

Selbst wenn Seelen gefallen, so sollen sie in Gott geliebt werden, denn auch sie sind wandelbar und werden in Gott nur unwandelbar befestigt, sonst gingen sie weg und gingen unter. In ihm nur sollst du sie lieben! Reiß mit dir hin zu ihm, so viele du kannst, und sage ihnen: Laßt uns ihn lieben, lieben laßt uns ihn, er selber schuf ja, was da ist, und ist nicht fern davon. Nicht schuf er es und ging von dannen; aus ihm ist es in ihm. Seht, wo er ist und wo die Wahrheit zum Verständnis kommt: Tief innen ist er im Herzen, aber das Herz irrte weg von ihm. So steht Antwort eurem Herzen, ihr Sünder, und hängt dem an, der euch schuf; steht zu ihm und ihr werdet bestehen, ruht in ihm und ihr habt Frieden. Wo geht ihr hin in die Wildnis, wo geht ihr hin? Das Gute, das ihr liebt, ist von ihm, aber nur sofern es bei ihm ist und zu ihm führt, ist es gut und lieblich; mit Recht muß alles bitter sein, was von ihm ist, sobald man es mit Unrecht liebt, indem man ihn verläßt. Wozu dient es auch, daß ihr fort und fort nur mühevolle Wege geht? Da ist die Ruhe nicht, wo ihr sie suchet; sucht was ihr sucht, da ist es nicht, wo ihr es sucht. Ihr sucht das selige Leben im Reich des Todes, da ist es nicht; wie könnte da die Seligkeit des Lebens sein, wo nicht einmal Leben ist?

Aber von des Lebens Seligkeit stieg Christus unser Leben herab und trug unsern Tod; es hat ihn getötet durch die Fülle seines Lebens und ruft uns mächtig zu, daß wir vom Tod zu ihm in die geheime Stätte zurückkehren, aus der er zu uns heraustrat, in den ersten, jungfräulichen Schoß, wo sich mit ihm die menschliche Natur, das sterbliche Fleisch verband, damit es nicht sterblich bleibe; es ruft uns zu, daß wir im Geist von neuem geboren werden von ihm, wie er für uns vom Menschenleib geboren ward im Fleisch; daß wir neu uns schaffen lassen im reinen Schoß der ewigen Liebe und Erbarmung, der keuschen, jungfräulichen Weisheit. Und vom jungfräulichen Schoß ging er hervor, wie ein Bräutigam aus seiner Kammer, und freute sich wie ein Held, zu laufen den Weg (Ps 19,6). Er säumte nicht, er lief, rief mit Worten und Taten, mit Tod und Leben, mit seiner Niederfahrt und Auffahrt rief er, wir sollen zurückkehren zu ihm. Er verschwand von unseren Augen, daß wir ins Herz gehen und ihn finden. Er ging, und siehe, hier ist er. Er wollte nicht lange bei uns weilen und hat uns nie verlassen. Dorthin ging er, von wo er nie gegangen war, weil die Welt durch ihn erschaffen ist. Er war in dieser Welt und kam in sie, um die Sünder selig zu machen. Zu ihm bekennt sich meine Seele, und er heilt sie, die an ihm gesündigt hat.

Ihr Menschenkinder, wie lange wollt ihr beschwerten Herzens bleiben? Wollt ihr nach dem Hinabgang eures Lebens euch nicht emporheben und leben? Aber wohin könnt ihr euch noch erheben, da ihr voll Stolz in der Höhe seid und im Übermut euer Haupt bis zum Himmel brachtet? O steigt herab, damit ihr aufsteigt, damit ihr aufsteigt zu Gott, denn gefallen seid ihr, da ihr euch gegen ihn erhobt! – Das verkünde ihnen, daß sie weinen im Tränental. Und so reiße sie mit dir zu Gott. Denn aus seinem Geist redest du zu ihnen, wenn du entflammt redest mit dem Feuer der Liebe. (IV, 12)

Wenn ich einst in dir leben werde mit allem, was in mir ist, dann wird mich nimmer treffen Schmerz und Ungemach; ganz von dir erfüllt, wird alles an mir Leben sein. Nun aber, da du nur den erleichterst, den du erfüllst, bin ich mir selbst zur Last, weil ich noch nicht völlig erfüllt bin vor dir. Noch streiten in mir zu beweinende Freuden mit erfreulicher Traurigkeit, und wer den Sieg gewinne, weiß ich nicht. Weh mir, Herr, erbarme dich mein! Auch unreine Trauer ist mit reinen Freuden in mir in Streit, und wer den Sieg gewinne, weiß ich nicht. Weh mir, Herr, erbarme dich mein! Weh mir! Siehe, meine Wunden verberge ich nicht; du bist der Arzt ja, ich bin der Kranke; der Erbarmer bist du, und ich bin der Erbarmenswerte; denn aller Menschen Leben ist Anfechtung, solange es auf Erden dauert. Wer wünschte aber seine Widerwärtigkeiten und Beschwerden? Du heißt sie uns tragen, nicht lieben, und niemand liebt, was er trägt, wenn er auch liebt zu tragen; ihm dünken die Lasten leicht, und er hofft, sie mit Freuden zu tragen; aber wird die Last seine Last, so dünkt sie ihm zu schwer, und nun will er lieber, es wäre nicht, das er zu tragen hätte. Und darum sehne ich mich nach Glück im Unglück und fürchte vor Unglück mich im Glück. Läßt sich zwischen diesem die Mitte finden, in der das Leben keine Anfechtung ist? Doppelt Weh dem Glück dieser Welt über der Furcht vor Unglück und seiner zerstörerischen Freude! Und dreifach Weh dem Unglück der Welt, über dem Sehnen nach Glück, über seiner eigenen Härte, über dem Schiffbruch, den die Geduld an ihm leidet! Ja, aller Leben auf Erden ist ununterbrochene Anfechtung! (X, 28)

D u gebietest mir, daß ich mich enthalte von des Fleisches Lust und der Augen Lust und hoffärtigem Leben. Du gebietest Enthaltsamkeit von fleischlicher Lust, denn du gestattest die Ehe; aber mahnst auch zu Besserem, zum bräutlichen Bund allein mit dir. Und das gabst du mir, ehe ich noch in ein Amt deiner Kirche trat. Aber in meinem Gedächtnis sind noch die alten Bilder meiner Verirrung, denn dort hat Gewohnheit sie eingebürgert, und wenn ich sie von mir banne im Wachen, so kommen sie lockend und verlockend in meine Träume. Bin ich im Traum denn nicht, der ich bin, Herr, mein Gott? Schließt die Vernunft sich mit den Augen, entschläft sie mit den Sinnen? Aber sollte deine Hand nicht mächtig sein, allmächtiger Gott, alle Schlafsucht meiner Seele zu heilen und mit reichlicherer Gnade selbst der Träume Lüsternheit zu vertilgen? Du wirst mir mehr und mehr deine Gaben reichen, daß mir meine Seele folge zu dir und selbst im Traum voll Reinheit bei dir sei, der du mehr kannst, als wir bitten und verstehen. So freue ich mich mit Zittern dessen, was du gabst, ich traure über das, in dem ich noch nicht vollkommen bin, und hoffe, völlig werde dein Erbarmen werden an mir, bis zum vollen, ungestörten Frieden des äußeren und inneren Menschen mit dir, wenn der Tod verschlungen sein wird in den Sieg. (X, 30)

Die Wohlgerüche sind mir nicht sehr zur Versuchung; ich suche sie nicht und verschmähe sie nicht und konnte sie auch immer entbehren. Doch die Seele liegt in kläglicher Finsternis und kann sich über ihre Kräfte nicht trauen, es sei denn, daß ihre Erfahrung den Schleier lüfte. Und niemand soll in diesem Leben sicher werden; denn muß nicht der Mensch immer im Streit sein auf Erden, damit er, aus einem Schlechtern ein Besserer geworden, nicht wieder ein Schlechterer werde? Deine Erbarmung ist die einzige Hoffnung, das einzige, dem zu vertrauen ist, die einzige sichere Verheißung. (X, 32)

Noch eine andere, schlimme Versuchung hat jeglicher Tag; wäre es genug an ihr! Der Hinfälligkeit des Leibes müssen wir täglich mit Speise und Trank begegnen, bis du Nahrung und des Leibes Nahrungswerkzeuge von uns abtust und unseren Mangel endest mit wundervoller Sättigung,

wenn du dies Vergängliche in ewige Unvergäng-
lichkeit wandelst. Nun ist mir diese Notwendigkeit
der täglichen Nahrung angenehm, und streiten
muß ich gegen dies ergötzende Gefühl, daß ich
nicht von ihm gefangen werde. Aber wie ich auch
täglich mit Enthaltung gegen mich streite und meinen Leib zu unterwerfen suche, der Schmerz davon
wird doch zum Vergnügen, denn gegen die
Schmerzen des Hungers und des Durstes wird die
Nahrung zum Heilmittel, das du uns reichst von
der Erde, den Wassern und den Lüften, aber der
Genuß dieses Heilmittels bringt Ergötzung nach
des Mangels Schmerz. Und doch lehrst du mich
damit, ich soll meine Nahrung nur als Heilmittel
empfangen; aber nach des Mangels Beschwernis
befängt sie mich mit den Schlingen der Begehrlichkeit: Denn dieser Übergang vom Mangel zur Sättigung ist Vergnügen. Und so heftet sich dem Heilmittel der Speise und des Trankes die gefährliche
Lust an die Ferse, ja, geht ihm gewöhnlich voran
und wird zur Hauptsache, und was für die Heilung
des Hungers und Durstes genug wäre, das ist für
die begehrliche Lust noch zu gering, so daß es oft
ungewiß ist, ob die Sorge für das Wohl des Leibes
noch mehr verlange oder ob die trügliche Lüsternheit noch Befriedigung fordere. An dieser Unge-
wißheit freut sich die unglückliche Seele und wen-
det sie als Entschuldigung vor, sich vergnügend an
dem, was über des Körpers und seiner Gesundheit
Bedürfnis ist und unter dem Vorwand der Gesund-

heit nur der Lust fröhnt. Diesen Versuchungen muß ich täglich widerstehen und anrufen zu meinem Heil deine Rechte, weil ich hier noch nicht in Klarheit bin. Ich höre die gebietende Stimme meines Gottes: »Hütet euch, daß eure Herzen nicht beschwert werden mit Fressen und Saufen.« (Lk 21,34) Wohl ist das ferne von mir, aber erbarme dich, daß es ferne von mir bleibe, denn ich kann nicht enthaltsam sein, es werde mir denn durch dich. Du gibst uns vieles auf unsere Bitten, und was wir Gutes empfangen, noch ehe wir darum baten, haben wir von dir empfangen, und von dir empfangen wir, daß wir hernach es erkennen. Nie war ich ein Knecht der Unmäßigkeit und Trunksucht, aber ich lernte Trunksüchtige kennen, die du zu Mäßigen machtest. Und so hast du bewirkt, daß ich nie war, was diese waren, damit wir beide wissen, es komme allein von dir, was ich gewesen sei und sie nicht und was wir beide jetzt seien. Auch vernahm ich dein Wort: »Folge nicht bösen Lüsten, sondern brich deinen Willen.« (Sir 18,30) Und: »Essen wir, so werden wir darum nicht besser sein; essen wir nicht, so werden wir darum nicht weniger sein.« (1 Kor 8,8) Auch hörte ich: »Ich habe gelernt, bei welchem ich bin, mir genügen zu lassen; ich kann übrig haben und Mangel leiden. Ich vermag alles durch den, der mich mächtig macht.« (Phil 4,12) So spricht der Streiter im himmlischen Heer, der Staub nicht, der wir sind. Aber ich weiß, daß du es bist, der aus Staub den Menschen machte, der verloren war und wieder gefunden wurde. Auch Paulus konnte das nicht durch sich: Auch er war Staub, er, der mir so lieb ist, weil er dies sagen konnte, angeweht von der Beseligung deines Geistes. Er sagt: Ich vermag alles durch den, der mich mächtig machte. Stärke auch mich, daß ich das könne! Gib, was du befiehlst, und befiehl, was du willst! Paulus gesteht, es empfangen zu haben, und wenn er sich rühmt, so rühmt er sich des Herrn. Einen andern hörte ich flehen um diese Gnadengabe: »Wende von mir alle unreinen Lüste.« (Sir 23,5) So gibst du, wenn geschieht, was du befiehlst. Du lehrtest mich, gütiger Vater: »Es ist zwar alles rein, aber es ist nicht gut dem, der es ißt mit dem Anstoß seines Gewissens.« (Röm 14,20) »Und alle Kreatur Gottes ist gut und nichts verwerflich, das mit Danksagung empfangen wird.« (1 Tim 4,4) »Aber die Speise fördert uns nicht vor Gott.« (1 Kor 8,8) Das lernte ich, Lob und Dank dir, meinem Gott und Lehrer, der du mein Ohr mir aufgetan und mein Herz mir erleuchtet hast. Reiße mich aus aller Versuchung! Ich fürchte nicht die Unreinigkeit der Speise, ich fürchte die Unreinigkeit der Begierde. Ich weiß, daß Noah alle eßbaren Tiere erlaubt waren (1 Mos 9,3) und daß Elias mit dem Fleisch der Tiere sich labte (1 Kön 17,7), daß Johannes in seiner hohen Enthaltsamkeit Heuschrecken aß, ohne sich zu beflekken. Aber ich weiß auch, daß Esau durch seine Lüsternheit nach Speise betrogen wurde; daß David einst seine Eier nach einem labenden Wassertrunk selber tadelte (2 Sam 23,7) und daß unser himmlischer König mit Brot sogar versucht ward; daß das Volk in der Wüste mißfällig wurde vor Gott, weil es um Speise murrte. – In diese Versuchungen gestellt, muß ich täglich, so oft ich mich nähre, mit der lüsternen Begehrlichkeit streiten und meiner Kehle den Zügel halten. Und wer ist, o Herr, der nicht etwas über das Maß des Notwendigen schritte? Gibt es einen solchen, so steht er hoch und erhöhe dankend deinen Namen. Der Art aber bin ich nicht; ich bin noch ein sündiger Mensch. Doch auch ich erhöhe dankend deinen Namen und bitte meiner Sünden wegen zu dir, der die Welt überwand, der mich zählt zu den schwachen Gliedern seines Leibes, auf dessen unvollkommene Teile auch in Gnaden deine Augen sehen, denn du wirst deine Treuen alle in das Buch des Lebens schreiben. (X, 31)

Hartnäckiger trafen und unterjochten mich die Vergnügungen der Ohren; aber du hast mich gelöst und befreit. Nun werde ich von den schönen, kunstreichen Melodien deiner Lobgesänge erfreut, nicht beherrscht, denn ich kann mich von ihnen wenden, wann ich will, und achte höher die sie beseelenden Worte. Doch gebe ich ihnen vielleicht oft zu viel Ehre, wenn ich meine, die heiligen Worte entflammen die Seele höher und heiliger durch solchen Gesang, und jedem geistigen Gefühle entsprechen gewiß melodische Töne, durch die es, verwandt mit ihnen, erweckt werde. Aber oft wird doch mehr das sinnliche, als das geistige Ohr davon ergriffen, und dann fühle ich diesen Fehler erst hernach. Zuweilen werde ich auch, um diese Täuschung zu verhüten, zu streng, wünsche fast, alle diese Melodien möchten mir und der Kirche verschwinden, und halte die Einrichtung des Bischof Athanasius von Alexandrien für schicklicher, nach welcher die Psalmen und Lobgesänge in einem Ton vorgetragen werden, der mehr Sprache als Gesang ist. Wenn ich aber der Tränen denke, die mir, beim Anfang meiner Bekehrung, diese Melodien entlockten, und wenn ich auch jetzt noch gerührt werde, nicht von den Melodien allein, sondern von ihrer schönen Übereinstimmung mit den Worten, so erkenne ich den großen Nutzen dieser Einrichtung wieder. Doch wenn ich auch nicht leugne, daß der Melodien Reiz schwächere Seelen zur Frömmigkeit erhebe, so muß ich es nicht als Fehler erkennen, so oft sie mich mehr rühren als ihre Worte, und wünsche dann lieber, sie nicht gehört zu haben. Seht, wo ich bin, und weint mit mir, weint für mich, die ihr die heilige Liebe im Herzen bewegt, aus der die Taten der Liebe kommen. Die ihr sie nicht in euch bewegt, wie könnte euch rühren, was ich rede? Du aber, Herr, mein Gott, sieh mich erhörend an, erbarme dich mein und laß mich finden dein Heil; du, vor dessen Augen ich mir selbst zur Anklage ward. Und meine Trägheit ist's, über die ich mich verklage. (X, 33) n meinen Bekenntnissen, welche hören mögen die Ohren deines Tempels, die Ohren der Brüder und Frommen, muß ich noch reden von der fleischlichen Augenergötzung, um alle fleischliche Lust zu erwähnen, welche mich seufzen macht nach meiner Behausung, die vom Himmel ist, nach der ich verlange, daß ich damit überkleidet werde. Die Augen lieben schöne und verschiedene wechselnde Formen, leuchtende und reizende Farben. Sie sollen meine Seele nicht fesseln, die feßle Gott, der diese Dinge schuf, der gut sie schuf; er ist mein Gut, nicht sie. Sie treffen mich, solange ich wache, die ganzen Tage über; nicht wird mir Ruhe vor ihnen, wie vor den Stimmen des Gesangs, die mir verstummen, wenn ich in Einsamkeit mich von ihnen trenne. Denn der Farben Königin ist das Licht, das alles Sichtbare durchströmt, das mich unabweisbar schmeichelnd umwallt, was ich auch tun mag; das sich so lieb uns macht, daß wir sein begehren, wenn es einen Augenblick nur uns fehlt, und traurig sind, so es lange entfernt ist. – O Licht, das Tobias schaute, da er mit erblindeten Augen den Sohn den Weg des Lebens lehrte, den er ihm in Liebe voranging – du nur fehlst nie und kannst nie täuschen! Dich hat Isaak gesehen, da das Alter ihm seiner Augen Licht schloß und er es nicht erlangte, seine Kinder zu segnen, weil er sie erkannte, aber sie durch den Segen, den er ihnen gab, als seine Kinder erkannte mit der Liebe innerem Auge. Jakob schaute dich, da ihn das Alter des Lichts beraubt, und seine Söhne segnend sprach er mit erleuchtetem Herzen über die Söhne das aus, was ihren Nachkommen, dem Volk Gottes, widerfahren sollte. Und Josephs Söhnen legte er die Hände auf, mit erleuchtetem Herzen des Volkes kommenden Geschlechtern, nicht wie es ihr Vater verlangte, sondern wie er ihres Stammes geheime Zukunft sah im inneren Licht. (1 Mos 48,19) Das ist das alleinige Licht, das wahre Licht allein, und eins sind alle, die es schauen und lieben. – Aber das leibliche Licht verbirgt das Leben mit lockend gefährlichem Reiz vor den blinden Anhängern dieser Sinnenwelt. Doch die dich zu loben wissen auch über dieses Licht, Gott, Schöpfer von allem, sie wenden es an zu deinem Lobgesang und lassen sich nicht von ihm abwenden in geistigem Schlaf, dem du fehlst, du Licht des Lichtes. So wünsche ich zu sein. Ich widerstehe der Augen sinnlicher Lockung, damit sie meinen Wandel auf deinem Weg nicht umstricke; und erhebe zu dir die unsichtbaren Augen, daß du meinen Wandel von allen Schlingen befreist. Du hörst nicht auf, mich loszumachen, ob ich auch oft noch an den überall gelegten Netzen hafte, denn du schläfst nicht und wirst nimmermehr schlafen, der du Israel hütest. Wie unzählig vieles, in Kleidern und Geräten, in Gemälden und andern Bildungen, bereiten sich die Menschen, um die Augen zu befangen, wie vieles, das weit das Bedürfnis und die auch im Bild mögliche Bezeichnung des Heiligen überschreitet, und kehren sich nach dem nur, das sie äußerlich schaffen, im Innern den verlassend, von dem sie geschaffen sind, und vergessend, daß sie selbst nur geschaffene Wesen bleiben. Aber, o Gott du, meine Schönheit, auch für die Werke der Kunst und des Fleißes singe ich dir meinen Lobgesang und opfere mein Lob dem, der sich für mich geopfert hat, weil auch, was des Künstlers Seele mit seiner Hand ins Dasein rief, von der Schönheit kommt, die über unseren Seelen ist, nach der Tag und Nacht meine Seele seufzt. Doch die Meister und Liebhaber des äußern Schönen wissen dies Schöne zu loben und nicht zu nützen, und du, der du selbst dieser Nutzen bist, du bist da in allem Schönen, und sie sehen dich nicht. Möchten sie ihre bildende Kraft in deinen Schirm geben, damit sie nicht weiter irren und sich nicht zerstreuen in ergötzender Entkräftung! Davon befreie du mich, du, dessen Erbarmung vor meinen Augen ist, denn auch ich werde befangen, oft, ohne daß ich es weiß, weil ich nur aus Übereilung hineinfiel, oft zu meinem Schmerz, weil ich mich fester befangen ließ. (X, 34)

Noch nenne ich eine andere, vielseitiger gefährliche Versuchung; denn außer der fleischlichen Lust, welche in dem Reiz der Sinne und ihrer Vergnügungen ist und die den, der sich in ihrem Dienst von dir entfernt, zugrunde richtet, ist in der Seele noch eine andere, welche sie zwar nicht sinnlich ergötzen will, aber die Sinne zu Werkzeugen ihrer Eitelkeit und Neugier macht und sich hinter den

Namen des Erkenntnisdranges verschanzt. Sie ist die
Neugier, und zu ihr führen die Augen vor allen Sinnen, obgleich auch die andern sie zum Teil zu stillen
suchen; daher wird sie von deinem Wort auch der
Augen Lust genannt. Sie will sich im Schauspiel verwundern; will die Natur ergründen, ohne Nutzen;
sie verblendet den Menschen zum Glauben an magische Künste, sie versucht Gott, Zeichen und Wunder
von ihm fordernd, nicht um Heil damit zu erwerben, nur um sich zu vergnügen. Unzählig sind ihre
Lockungen: Viele davon half deine Gnade mir überwinden. Aber es ist nicht auszusprechen, wie vielfach sie das tägliche Leben umschwirren; und ich
kann nicht behaupten, nie mehr von ihnen ergriffen
zu werden. Wohl lockt mich kein Schauspiel mehr,
noch der Sterndeuter Trug, wohl suche ich keine
Kunde bei den Toten und verabscheue gottlose
Gebräuche; aber, mein Gott, dem ich in Demut und
in Einfalt dienen soll – wie versucht mich der Feind
noch mit seinen Eingebungen, daß ich ein Zeichen
zuweilen von dir fordern möge? Ich beschwöre dich
bei unserem König, bei der reinen Heimat der Einfalt, bei dem himmlischen Jerusalem – wie ich schon
ferne bin, dem Versucher beizustimmen, so laß
mich ferner immer davon werden! Von wie unzähligen wertlosen Kleinigkeiten wird unsere Neugier
täglich erregt! Fade Schwätzer hören wir anfänglich
an, um diese Schwachen nicht zu beleidigen, allmählich aber hören wir ihnen gerne zu. Der kleinliche
Gegenstand, ein Tier auf dem Feld, eine Fliege, eine

Spinne im Zimmer, kann uns zerstreuen und von den heiligsten Betrachtungen hinwegstören; und so kleinlich das ist, wenn wir uns durch deine Gnade nicht schnell wieder von unserer Schwäche sammeln und wieder zu deiner Betrachtung uns erheben, so bleiben wir doch am Eitlen hängen. Ein anderes aber ist, sich schnell wieder zu fassen, ein anderes, gar nicht in Zerstreuung zu fallen. Von solchen Dingen voll ist mein Leben, und meine Hoffnung ist nur dein reiches Erbarmen. Wird unser Herz der Sammelplatz solch wertloser Dinge, so werden selbst unsere Gebete oft unterbrochen und gestört, und vor deinem Angesicht, da wir des Herzens Stimme vor dich bringen, wird diese große Sache durch das Einschleichen jener nichtigen Gedanken zerrissen. (X, 35)

Täglich, o Herr, ohne Aufhören werden wir von diesen Versuchungen angefochten. Und eine täglich aufglühende Feueresse ist unsere Zunge. Auch hier gebietest du uns Enthaltsamkeit. Gib, was du befiehlst, und befiehl, was du willst. Auch darüber kennst du die Seufzer meines Herzens und die Ströme meiner Augen. Nicht leicht fasse ich, wie weit ich von dieser Pest frei sei, und sehr fürchte ich meine verborgenen Fehler, welche von deinen Augen erkannt werden, nicht von den meinen. In allen andern Versuchungen kann ich mich erforschen, in dieser fast nicht. Bei des Fleisches und der Augen Lust sehe ich, wie weit ich meine Seele zügeln kann, sobald diese Lockungen – durch meinen Willen oder durch ihre Abwesenheit – von mir sind; denn so kann ich mich fragen, wie ich ihr Entbehren ertrage. Auch die Reichtümer, welche verlangt werden, damit man diese Lüste sich mit ihnen erkaufe, können verlassen werden, wenn die Seele sich gerne prüfen möchte, ob sie solche verachte. Wenn das Lob die Begleiterin eines guten Lebens und guter Werke ist, so darf man weder die Begleiterin, noch das gute Leben selbst verlassen. Ich muß dir, Herr, bekennen, daß das Lob, mehr aber noch die Wahrheit mich erfreue; denn wenn mir die Wahl gegeben würde, ob ich toll und in allem irrend von allen Menschen gelobt oder in der Wahrheit bestehend von allen getadelt werden wollte, so weiß ich, was ich wählte. Ich wollte nicht, daß mir die Freude an einem Gut erst durch Menschengunst erhöht würde. Und doch erhöht mir das Lob die Freude, und der Tadel mindert sie, und wenn ich davon beunruhigt werde, so suche ich mich, ich weiß nicht warum, zu entschuldigen. Du hast uns nicht nur Enthaltsamkeit von der Liebe zu manchem, du hast uns auch Gerechtigkeit geboten, mit der wir die Liebe manchem zuwenden sollen. Und so wolltest du nicht nur, daß wir dich, du wolltest auch, daß wir den Nächsten lieben. Und oft glaube ich mich über die Fortschritte oder das Hoffnungsvolle meines Nächsten zu erfreuen, wenn ich mich an seinem verständigen Lob erfreue, und über ihn zu trauern, wenn ich ihn tadeln höre, was er an mir nicht versteht oder was gar an mir gut ist. Oft aber trauere ich auch über mir gewordenes Lob, wenn das an mir gelobt wird, über dem ich mir selbst mißfalle, oder wenn kleineres und wertloseres Gute höher geschätzt wird, als es zu schätzen ist. Geschieht das deswegen, weil ich nicht will, daß, der mich lobt, anders über mich denke, als ich selbst? Geschieht es nicht deswegen, weil mir sein Nutzen am Herzen liegt, sondern nur weil das mir wohlgefällige Gute an mir noch wohlgefälliger wird, wenn es auch einem andern gefällt? Gewissermaßen ist das kein Lob für mich, wenn man an mir übertrieben lobt oder das lobt, was mir an mir mißfällt, da man damit die Meinung, die ich von mir selbst habe, nicht lobt. Ich bin mir darüber nicht gewiß. Aber in dir sehe ich, o heilige Wahrheit, daß mich das Lob nicht meinetwegen, sondern wegen des Nutzens, den es dem Nächsten bringt, bewegen darf. Aber ob es so sei, weiß ich nicht. Ich bin mir darin selbst weniger bekannt als du, dessen Lob jeden beglückt, der dich lobt. Mein Gott, zeige mich mir selbst, daß ich den Brüdern, die für mich beten, bekenne, wo ich mich verwundet weiß. Noch genauer will ich mich fragen: Wenn mich des Nächsten Nutzen bei dem Lob bewegt, das ich empfange, warum bewegt mich weniger, wenn ein anderer als ich ungerecht getadelt wird? Warum werde ich von demselben Schimpf mehr gequält, wenn er mich, als wenn er in meiner Gegenwart meinen Nächsten, ganz mit derselben Ungerechtigkeit, trifft? Weiß ich auch das nicht? Ist auch das noch übrig, daß ich mich selbst verführe und mit Herz und Mund das Wahre nicht tue in deiner Gegenwart? Entferne weit von mir diese schädliche Torheit, o Herr, damit sich mein Herz nie freue über die Lügen meines Mundes. Ich bin elend und arm, und besser bin ich, wenn ich in verborgenem Seufzen mir selbst mißfalle und dein Erbarmen suche, bis meinem Mangel abgeholfen, bis es im Frieden vollendet wird, den nimmer kennt das Auge des Stolzen. (X, 37)

Die dem Mund entgehende Rede aber und die bekannt werdenden Taten werden durch die Lobsucht höchst gefährlich, mit welcher wir den erbettelten Beifall nur zur Erhöhung unserer Selbstsucht verwenden. Ja, die Lobsucht versucht mich selbst da, wo ich sie in mir verwerfe, denn eben durch ihr Verwerfen komme ich mir lobwürdig vor. Und oft rühmt sich selbst der Mensch, durch seine Verachtung des eitlen äußerlichen Ruhms noch viel eitler, und hat sich jetzt doch über die Verachtung des Ruhms nicht zu rühmen, denn er verachtet ihn ja nicht, wenn er ihn zwar nicht mehr durch andere, aber durch sich selbst sucht, wenn er verschmäht, von andern gerühmt zu werden, nur um sich selbst zu rühmen. (X, 38)

So lernte ich meiner Sünden Übel in der dreifachen Lust, in der Lust des Fleisches, der Augen und der Hoffart erkennen und flehe deine Rechte zu meiner Hilfe an. Da sah ich deinen Lichtglanz mit verwundetem Herzen und rief zurückgeschlagen von seinem Strahl: Wer kann dorthin? Ich bin verworfen vor deinen Augen! Denn du bist die allwaltende Wahrheit, und in meiner Habsucht wollte ich dich nicht verlieren und doch neben dir noch im Besitz der Lüge bleiben. So wie niemand so weit im Lügen kommen möchte, daß er selbst nicht mehr wüßte, was wahr ist. Und so verlor ich dich, denn du verschmähst es, dich besitzen zu lassen neben der Lüge. (X, 41)

UMKEHR UND REUE

O mein gütiger Gott, wie kommt es, daß sich der Mensch mehr des Glücks seiner Seele freut, wenn sie nimmer darauf hoffte und von großer Gefahr befreit wurde, als wenn sie immer, ohne je in große Gefahr gekommen zu sein, gehofft hatte? Auch du ja, erbarmender Vater, freust dich mehr über den Sünder, der zurückkehrt, als über neunundneunzig Gerechte, die der Buße nicht bedürfen. Und wir hören mit Wonne vom verirrten Lamm, das der treue Hirte im Engeljubel auf seinen Schultern zurückbrachte, und wie unter der Mitfreude der Nachbarn das Weib den wiedergefundenen Groschen zu ihrem Schatz legte. Tränen entlockt uns die festliche Freude deines Hauses, da wir in deinem Wort, das deine Wohnung ist, von jenem Sohn lesen: Er war tot und ist wieder lebendig geworden, er war verloren und wurde wiedergefunden. Ja, du freust dich in uns und in deinen Engeln, die da geheiligt sind durch heilige Liebe. Du bist immer derselbe und kennst das, was weder immer ist, noch stets dasselbe ist, doch immer nur auf gleiche Weise. Warum nun freut sich die Seele des Geliebten mehr des, das sie wiederfindet, als dessen, das sie stets besaß? Daß dem so ist, zeigen alle menschlichen Dinge.

Es triumphiert der siegbeglückte Feldherr und hätte ohne Kampf nicht gesiegt; je größer seine Schlachtgefahr, desto größer ist seine Siegesfreude. Den Seefahrer peitschen die Stürme, der Schiffbruch droht; erblaßt erwarten alle ihr Ende, aber ruhig werden Luft und Meer, und ohne Maß, wie ihre Furcht war, ist ihre Freude. Ein Freund ist erkrankt, und sein fiebriger Puls ist der Anzeiger schweren Übels, und die Herzen aller, die ihn gesund wünschen, erkranken mit ihm; ihm wird besser, noch wandelt er nicht mit der vorigen Kraft, und jetzt ist die Freude größer, als sie es war, da er rüstig und gesund einst wandelte. Selbst ihre Vergnügungen erwerben sich die Menschen nicht durch Beschwerden, die unvermutet und wider ihren Willen hereinbrechen, sondern durch gesuchte. Essen und Trinken ergötzen nicht, es gehe ihnen denn die Beschwernis des Hungers und Durstes voran. Der Trunkliebende nimmt ein scharfes Reizmittel zu sich, damit ihm die Abkühlung des brennenden Schlundes im Trunk zur Lust gereiche. Die verlobte Braut gibt sich nicht alsbald dem Mann hin, damit er sie nicht gering achte, wenn er nicht zuvor nach der Zögernden seufzte. Das finden wir in der sündigen wie in der erlaubten Lust, ja in der reinsten Liebe, finden es in dem, der gestorben war und wieder lebendig ward, verloren war und sich wieder fand. Allenthalben bahnt ein größerer Schmerz die größere Wonne an. Wie kommt das, mein Gott, da du dir selbst die ewige Freude bist und da es Geister gibt in deiner seligen Nähe, die von nichts wissen als von der Freude an dir? Warum wechselt bei anderen Schaden und Gewinn, sich Verlieren und Wiederfinden? Ist das die Bedingung ihres Lebens, o du, der du all deinem Guten und allen deinen heiligen Werken ihre Stätte anwiesest und ihre Zeit, von der Himmel Höhe bis zu der Erde Tiefen, vom Anfang bis zum Ende der Zeiten, vom Engel bis zum Wurm, von der ersten bis zur letzten Regung des Lebens? O wie hoch bist du in der Höhe und wie tief in den Tiefen, nirgends wendest du dich hinweg, und kaum kehren wir zurück zu dir! (VIII, 3)

Ob sie auch gehen und friedenlos und sündig von dir fliehen, du schaust doch auf sie und scheidest die Schatten; und siehe, da ist alles schön um sie, nur sie sind häßlich. Was vermochten sie dir zu schaden, wo konnten sie dein Reich verunehren, das gerecht bleibt und unverletzt von den uralten Himmeln bis zu den Jüngsten deiner Erschaffenen? Wo flohen sie denn hin, da sie vor deinem Angesicht flohen? Oder wo ist der Ort, da du sie nicht findest? Aber sie flohen, um dich, der sie sieht, nicht zu sehen, um sich verblendet gegen dich zu empören; denn du läßt nicht von dem, das du schufst. Mit Unrecht empörten sie sich wider dich und werden geplagt mit Recht; sie entzogen sich deiner Milde, traten auf gegen deine Gerechtigkeit und fielen hin in ihre Verwilderung. Vielleicht wissen sie nicht, daß du, den kein Raum beschränkt, überall bist, daß du allein es bist, der gegenwärtig bleibt auch denen, die weit von ihm wegkamen. Daher sollen sie umkehren und dich suchen, denn nicht, wie sie ihren Schöpfer verließen, hast auch du dein Geschöpf verlassen. Umkehren sollen sie und dich suchen, und siehe, da bist du in ihrem Herzen, im Herzen derer, die dir bekennen, die sich hinwerfen vor dich und in deinem Schoß weinen, nachdem sie den Weg ihres Widerwillens verließen. Und bereitwillig wischst du ihre Tränen ab, reichlicher weinen sie und freuen sich in ihren Tränen, daß du Herr und nicht ein Mensch von Fleisch und Blut, daß du Herr, der sie schuf, sie erquickst und tröstest. Und ich, wo war ich, da ich dich suchte? Du warst vor mir, ich aber war von mir gewichen, und mich selber fand ich nicht, wieviel weniger dich! (V, 2)

Wer wird diese so verworrene Verwicklung lösen? Sie ist so häßlich, ich will mich nicht mehr nach ihr kehren, will sie nimmer sehen. Dich will ich, Gerechtigkeit und Reinheit, die du schön bist und geschmückt mit heiligen Lichtern voll nie erschöpften Habens. Bei dir ist Ruhe und nie getrübtes Leben. Wer in dich eingeht, geht in die Freude seines Herrn ein, nichts wird er fürchten, wird sich am besten befinden im besten. Von dir fiel ich ab, mein Gott, irrte von dir, meiner Stütze, weg in meiner Jugend und wurde mir selbst ein Land des Darbens. (II, 10)

Und was war es, das mich ergötzte, als nur Lieben und Geliebtwerden? Aber nicht blieb es bei der Liebe der Seele zur Seele, dieser Lichtschwelle der wahren Zuneigung; es stiegen Nebel aus dem Schlamm meiner sinnlichen Begierden, aus dem Aufbrausen meiner Jugend; die umwölkten und umnachteten mein Herz, bis sich die Heiterkeit der Liebe nicht mehr von der Nacht der Leidenschaft unterscheiden ließ. Beides gor untereinander, riß das schwache Jugendalter durch die jähen Tiefen der Begierden und tauchte es in den Pfuhl der Laster. Über mir sammelte sich dein Zorn, und ich sah es nicht. Betäubt ward ich von dem Kettenklirren meiner sterblichen Natur, von der Strafe des Stolzes meiner Seele. Immer weiter ging ich von dir, und du ließest es zu. Ich wurde gefällt und ausgegossen, ich zerfloß und wallte auf in meinen Wollüsten, und du schwiegst! O wie spät wurdest du meine Freude! Damals schwiegst du, und ich ging so weit, weit weg von dir, tiefer, immer tiefer in die Unkrautsaat voll aufwuchernder Schmerzen, voll übermütiger Verworfenheit und ruheloser Erschlaffung. Wer mochte damals mildern mein Elend, zu meinem Nutzen wandeln des Neuen flüchtige Schönheit und Grenzen setzen ihren Lockungen? Man hätte es vermocht, wenn man zum Ufer der Ehe die Wogen meiner Jugend hätte pilgern lassen, da in ihnen keine Ruhe war; der Ehe, die sich genügen läßt mit dem Zweck der Fortpflanzung, wie dein Gesetz es gebietet, o Herr, der du auch den Sprößling unserer

Sterblichkeit bildest und deine milde Hand lindernd kannst auf die Stacheln legen, die ausgeschlossen sind von deinem Paradies! Denn nicht fern von uns ist deine Allmacht, auch wenn wir fern sind von dir. – Oder hätte ich nur aufmerksamer beachtet deiner Stimme Wolkenschall: »Es werden solche leibliche Trübsal haben. Ich verschone aber eurer gerne.« (1 Kor 7,18) Und: »Es ist dem Menschen gut, daß er kein Weib berühre.« (1 Kor 7,1) Und: »Wer ledig ist, der sorgt, was dem Herrn angehört, wie er dem Herrn gefalle. Wer aber freiet, der sorgt, was der Welt angehört, wie er dem Weib gefalle.« (1 Kor 7,32) Hätte ich wachsamer dieser Stimme gehorcht, von der Sinnenlust abgeschnitten für dein Himmelreich, hätte ich seliger dein Umfangen erwartet! Aber hilflos brauste ich auf, und folgend dem Drang meiner Wogen verließ ich dich! Alles überschritt ich, was dein Gesetz bestimmt, und entrann deiner Geißel nicht. Denn wer der Sterblichen entrinnt vor dir? Du warst immer da mit deinem erbarmenden Eifer und trafst mit harten Stößen alle meine unerlaubten Freuden, damit ich suche, mich ohne Stöße zu vergnügen, wo ich, hätte ich's vermocht, nichts gefunden hätte als nur dich, o Herr, nur dich, der du den Schmerz legst in dein Gesetz, der du verwundest, um zu heilen, und uns tötest, damit wir dir nicht sterben. – Wo war ich, wie weit entfernt von den Wonnen deines Hauses, in jenem sechzehnten Jahr meines leiblichen Lebens, da über mich der Wollust Raserei das Zepter schwang und ich ihr ganz die

Hände bot, die da erlaubt wird von der Schändlichkeit der Menschen und verboten durch deine Gebote! Aber die meinigen sorgten nicht dafür, mich durch ein eheliches Bündnis vor dem Versinken zu bewahren, es war ihnen nur darum zu tun, daß ich eine Rede setzen lernte, so gut, so überredend als möglich. (II, 2)

GOTT IST DIE WAHRHEIT

Aber nun, Herr, ist auch das vorüber, und durch die Zeit ist meiner Wunde Schmerz geheilt. Doch darf ich es hören von dir, der du die Wahrheit bist, und meines Herzens Ohr legen an deinen Mund, daß du mir sagst, warum das Weinen den Elenden süß ist? Oder hast du, obgleich du überall bist, unser Elend weit von deinem Auge getan? Du bleibst ewig friedenvoll in dir, wir aber werden durch viele Prüfungen umhergeworfen. Und doch wäre es aus mit unserer Hoffnung, wenn wir vor dir nicht mit unseren Klagen erscheinen dürften. Doch woher kommt es, daß wir von der Bitterkeit des Lebens diese süße Frucht, dies Seufzen und Weinen, dies Sehnen und Klagen pflücken? Ist unser Hoffen auf deine Erhörung das Süße darin? Wollen wir ja, um was wir bitten. Aber lag denn das in dem Schmerz, in der Trauer um den Verlust, der mich damals erdrückte? Nicht hoffte ich, er würde wieder lebendig werden, nicht flehte ich das in meinen Tränen, ich konnte nur mich grämen und weinen, denn ich war elend und hatte meine Freude verloren. Oder ist auch das Klagen und das Weinen bitter, und wird es nur süß in Vergleichung mit dem Bittersten, mit dem Gedanken an den Verlust dessen, das unsere Freude war, mit dem Schmerzgedanken, vor dem wir zurückzaudern, bis er sich ausschreit in laute Klagen oder sich auflöst in sanfte Tränen? (IV, 5)

Ich werde dich erkennen, mein Schöpfer; werde erkennen dich; wie auch ich erkannt bin. Deine Kraft gehe ein in meine Seele, gehe ein in sie und bereite sie dir, daß du sie hast ohne Flecken und besitzt ohne Falten. Das ist meine Hoffnung, darum rede ich, und in dieser Hoffnung freue ich mich, so oft ich wahre Freude habe. Was das Leben noch hat außer diesem, das ist um so weniger zu beweinen, je mehr in ihm geweint wird, und um so mehr zu beweinen, je weniger man in ihm weint. Denn siehe, du liebtest die Wahrheit, und wer sie tut, der kommt ans Licht. Ich will sie von Herzen tun vor dir in meinen Bekenntnissen und vor vielen Zeugen mit diesen Worten. (X, 1)

Dadurch geriet ich zu übermütigen Menschen voll Fleischeslust und voll Geschwätzigkeit, in deren Mund die Stricke des Teufels, mit dem Schein deines Namens, des Namens deines Sohnes und unseres Trösters, deines Geistes. Alle diese Namen tönten stets aus ihrem Mund, aber ihr Herz war leer von ihnen und von deiner Wahrheit. Und sie sprachen Wahrheit und Wahrheit, mir viel von ihr sagend, die in ihnen niemals war. Aber Lügen sprachen sie, von dir nicht nur, der du in Wahrheit die Wahrheit bist, auch von den Elementen dieser Welt, deiner Schöpfung, über welche ich selbst die wahreren Lehren der Philosophen verlassen mußte, seit ich die Liebe fand zu dir, mein bester Vater, du Schönheit aller Schönheiten. O Wahrheit, Wahrheit, wie seufzte mein Herz nach dir, als jene mir mit Wort und Schrift so viel und so häufig von dir sprachen! Nur Lockspeisen waren es, mit welchen sie mir, dem nach dir Hungernden, an deiner Statt Mond und Sonne reichten, deine schönen Werke, doch deine Werke nur, nicht selber du, noch selber deine ersten. Denn vor jenen körperlichen Werken, wie herrlich sie am Himmel strahlen, waren deine geistigen. Doch ich hungerte und dürstete auch nach jenen ersten Werken nicht, nur nach dir selbst, du Wahrheit, die sich nie verändert, nie verdunkelt! Und mir wurden bei jenen Gerichten noch gleißende Traumbilder vorgesetzt! Besser noch hätte ich jene Sonne begehrt, die doch wahrhaft da vor unsern Augen ist, als jene Truggebilde, mit der vom Schein berückten Seele. Und dennoch, weil ich sie für dich hielt, ergriff ich sie, zwar nicht mit großer Begierde, da du in mir nicht nach deinem wahren Wesen schmecktest; sie waren nicht du, von ihnen ward ich nicht genährt, nur noch mehr erschöpft. So ist die Speise, die wir im Traum essen, der Speise der Wachenden ganz ähnlich, und doch werden die Schlafenden nicht von ihr genährt, denn sie schlafen. Aber jene Trugbilder waren dir, der du jetzt mir offenbar bist, auf keine Weise ähnlich, sie waren nur erdichtete Körper, die himmlischen und die irdischen, die wir mit unsern leiblichen Augen sehen, wodurch sie gewisser uns werden, als wenn wir nur sie uns einbildeten. Auch mit diesen Leerheiten ward ich gespeist und ward nicht gespeist. Aber du, meine Liebe, in welcher ich schwach ward, damit ich stark sei, du bestehst weder aus wirklichen noch aus eingebildeten Körpern; du, der sie schuf, wirst selbst von deinen höchsten, himmlischen Bildungen nicht gebunden. Selbst die Seele bist du nicht, die das Leben der Körper ist, wenn auch diese Seele, dies Leben der Körper besser ist als diese. Du bist das Leben der Leben, die Seele der Seelen, du lebst dich selbst, du Unveränderlicher, der du auch das Leben meiner Seele bist. Wo warst du damals und wie weit entfernt! Weit weg von dir war ich gezogen, selbst die Träbern, womit ich die Schweine nährte, waren mir versagt. Wie viel besser sind selbst noch die Fabeln der Dichter, als jene Schlingen; gewiß sind sie nützlicher, als jene fünf verschieden gefärbten Elemente an den fünf Grotten der Finsternis, die gar nichts sind und den zugrunde richten, der an sie glaubt. An die Gedichte und Schauspiele glaubte ich nicht, wenn ich sie spielen sah; jene Trugbilder aber habe ich geglaubt. Weh, weh, auf welchen Stufen ward ich geführt zu den Tiefen der Hölle, sauer mich abmühend im Mangel des Wahren, da ich dich, mein Gott, suchte mit fleischlichem Sinn und nicht mit Geistesaugen, mit denen du mich über das Tier erheben wolltest! Das bekenne ich dir, der du mein dich erbarmtest, da ich dich noch nicht bekannte. Du aber warst innerlicher als mein Innerstes und warst höher, als mein Höchstes ist. Ich traf jenes freche, törichte Weib, jenes Rätsel Salomos, die auf dem Stuhl in der Straße saß und sprach: Die gestohlenen Wasser sind süß, und wohlschmeckend sind die versteckten Brote. (Spr 9,17) Diese hat mich verführt, da sie mich draußen fand, mit meinen fleischlichen Blicken, wo ich wiederkäute, was ich mit ihnen verschlang. (III, 6)

Das ist's, was an Freunden geliebt wird, und so wird es geliebt, daß sich des Menschen Bewußtsein schuldig gibt, wenn es den Wiederliebenden nicht liebt und den Liebenden nicht wiederliebt, an seinem Körper nichts suchend, als die Zeichen des Wohlwollens. Daher jene Trauer, wenn ein Freund stirbt, und jene Schmerzensnacht; daher das tränenschwere Herz, dem seine Süßigkeit sich in Bitterkeit verwandelt hat, daher aus dem scheidenden Leben der Sterbenden der Tod der Lebendigen. Selig ist, wer dich liebt, und den Freund in dir und den Feind um deinetwillen! Der allein verliert keinen Teuren, dem sie teuer alle sind in dem, der nie verloren geht. Und wer ist der, als unser Gott, der Gott, der Himmel und Erde schuf, der sie erfüllt, weil er sie schuf in ihrer Fülle. Du läßt den nur, der dich verläßt. Doch wo geht, wo flieht er hin, der dich entläßt, als von dir, dem Friedsamen, zu dir, dem Zürnenden? Denn wo findet er dein Gesetz nicht in seinen Strafen? Und dein Gesetz ist die Wahrheit, die Wahrheit aber, die bist du. (IV, 9)

So ist es also nicht erwiesen, daß alle glückselig zu sein wünschen, da ja alle, welche sich nicht dein freuen wollen, der allein das selige Leben ist, das selige Leben gar nicht verlangen? Oder ist es dennoch so, wollen es alle? – Wohl, weil das Fleisch gelüstet wider den Geist und den Geist wider das Fleisch – also daß sie nicht tun, was sie wollen, so fallen sie in das, zu dem sie vermögend sind, und sind mit ihm zufrieden, weil sie das, zu dem sie nicht vermögend sind, nicht so weit wollen, daß es sie vermögend machte. Denn ich frage alle, ob sie nicht lieber sich der Wahrheit als des Irrtums freuen wollen? Und sie werden so wenig anstehen, sich zur Freude an der Wahrheit zu bekennen, als sie anstehen, zu bekennen, sie wollen sich des seligen Lebens freuen; denn das selige Leben ist Freude an der Wahrheit, und das ist die Freude aus dir, der du die Wahrheit bist, Herr, mein Licht, meines Angesichts Heil, mein Gott. Dies selige Leben wollen alle, dies Leben, das allein selig ist, wollen alle; die Freude, die aus der Wahrheit kommt, wollen alle! Ich lernte zwar viele kennen, die betrügen wollten, aber keinen einzigen, der betrogen werden wollte. So lieben auch sie das selige Leben, das nur aus der Wahrheit zu erkennen ist, die sie lieben, weil sie nicht betrogen werden wollen. Und die Wahrheit liebten sie nicht, wäre ihrem Gedächtnis nicht Kunde von ihr geblieben. Warum aber freuen sie sich ihrer nicht, warum sind sie nicht glückselig? Weil sie mächtiger von andern Dingen befangen werden, die sie elend machen, da sie sich dessen, was sie glückselig macht, nur schwach erinnern. Denn noch ist ein schwacher Lichtschein in den Menschen; sie mögen eilen, eilen, daß sie die Finsternis nicht ergreife. – Warum aber zeugt die Wahrheit den Haß, warum behandeln sie als Feind den Mann, der ihnen die Wahrheit verkündigt, wenn doch das ewige Leben geliebt wird und dies nichts anderes ist als die Freude an der Wahrheit? Weil sie die Wahrheit also lieben, daß sie nur das, was sie lieben, für Wahrheit gehalten wissen wollen; und weil, die nicht betrogen werden wollen, sich doch selbst nicht wollen überweisen lassen, daß sie falsch sind. Wegen dessen, was sie für Wahrheit halten, hassen sie die Wahrheit. Sie lieben ihr Licht und hassen sie, wenn sie von ihr ans Licht gebracht und überwiesen werden. Denn weil sie nicht betrogen werden wollen und doch selbst betrügen wollen, so lieben sie die Wahrheit, wenn sie sich offenbart, und hassen sie, wenn sie selbst vor ihr geoffenbart werden. Und deswegen wird sie ihnen damit vergelten, daß sie wider ihren Willen sie offenbar macht und sich selbst ihnen doch nicht offenbart. So, auch so will die blinde und schlafsüchtige, die sündige und schmachvolle Seele verborgen bleiben und will doch nicht, daß vor ihr etwas verborgen bleibe. Aber es wird ihr vergolten werden, daß sie vor der Wahrheit nicht verborgen bleibe, sondern die Wahrheit vor ihr. Und doch auch, wenn sie so elend ist, will sie lieber sich des Wahren freuen als des Falschen. Und darum wird sie nur selig sein, wenn sich kein selbstverschuldetes, lastendes Hindernis entgegenstellt, da sie sich freuen will allein an der Wahrheit, durch welche alles wahr ist. (X, 23)

Dadurch gemahnt, zurückzukehren zu mir selbst, ging ich unter deiner Führung ein in mein Innerstes, und ich vermochte es, denn du warst mein Helfer. Ein ging ich mit dem Auge meiner Seele, wie schwach es auch war. Und siehe, ich schaute erhoben über meines Geistes Auge, erhoben über meinen Geist, das wandellose Licht; nicht dies gemeine, jedem Fleisch sichtbare, nicht auch, als ob es dieser Art, nur größer wäre und weit, weit heller noch erglänzend über alles schiene. Nicht war es dies, es war hoch, hoch verschieden von dem allen. Auch war es nicht so über meinem Geist, wie das Öl ist über dem Wasser, noch wie der Himmel ist über der Erde; es war erhabener, weil es mich selber schuf, und tiefer ich, weil ich geschaffen bin von ihm. Wer die Wahrheit kennt, der kennt es, und wer sie kennt, der kennt die Ewigkeit. Die Liebe kennt es. O ewige Wahrheit und wahre Liebe und liebe Ewigkeit! Du bist mein Gott, und Tag und Nacht seufze ich zu dir!

Sobald ich dich kannte, nahmst du mich auf, damit ich sähe, es sei da in Wahrheit, was ich sehe, und doch noch sei ich der nicht, der da sehe. Du schlugst weg die Schwäche meiner Sehkraft, da du strahltest über mir in deiner Kraft. Und beben mußte ich in Lieb und Schreck, und finden mußte ich, ich sei fern von dir im weiten Abstand meiner Unähnlichkeit mit dir; da war mir, als hörte ich aus der Höhe deine Stimme: »Ich bin die Speise der zur Mannheit Erstarkten; wachse, und genießen wirst du mein. Nicht wirst du mich in dich wandeln, gleich der Speise deines Fleisches, du wirst gewandelt werden in mich.« – Und ich erkannte, wie du den Menschen züchtigst um der Sünde willen, und wie du, gleich einem zerstörten Spinngewebe, meine Seele verschrumpfen ließt. Da rief ich: Ist denn die Wahrheit nichts, da sie weder im endlichen, noch im unendlichen Raum verbreitet ist? Und du riefst aus der Ferne: »Ja, sie ist, denn ich bin, der ich bin!« Da hörte ich, wie man hört im Herzen, und nimmer war, woran ich zweifeln sollte. Eher hatte ich daran gezweifelt, daß ich lebe, als daß nicht Wahrheit sei, die ich erkannte an dem, das ich erfuhr. (VII, 10)